CAROLIN STROTHE

Frau Herzblut

Feine Köstlichkeiten & liebevolle Stylingideen

© Busse Verlag GmbH, Bielefeld 2015

Idee, Konzept, Rezepte, Styling,
Foodstyling, Fotografien,
Grafische Gestaltung,
Illustrationen, Text,
Satz und Layout: Carolin Strothe

Kreativberatung, Coverfotografie
und Fotografien S. 6, 14, 52,
64, 89 (l. u.) und 98: Sebastian Keitel

Druck und Verarbeitung:
DZS Grafik d.o.o.,
Ljubljana, Slowenien

ISBN 978-3-512-04055-9

www.bussecollection.de

Dieses Buch widme ich
meiner Großmutter Hildegard Krämer.

{ Inhalt }

Mit dem guten Geschmack
ist es ganz einfach:
Man nehme von allem nur das Beste ...

Oscar Wilde (1854–1900)

Meine Leidenschaft für das Backen und Kochen sowie die Liebe für den guten Geschmack wurde bereits von klein auf nachhaltig geprägt. Denn ich bin gleichzeitig in zwei Gärten aufgewachsen – im heimischen Garten meiner Eltern und dem großzügigen Garten meiner Großeltern. Bei meinen Streifzügen durch die Gärten habe ich immer die wunderschönsten Schätze entdeckt: Besonders süße Erdbeeren und Himbeeren frisch vom Strauch, eine vollreife Birne oder eine lieblich duftende Rose. So habe ich früh gelernt, wie Obst und Gemüse wachsen und welche Köstlichkeiten sich in der Küche daraus zaubern lassen. Bei den Besuchen bei meiner Großmutter habe ich zu gerne stundenlang an ihrem alten Küchentisch gesessen, Johannisbeerkuchen gebacken, Erdbeermarmelade mit Vanille gekocht oder waschwannenweise Kirschen im Garten entsteint. Jede Jahreszeit brachte andere Köstlichkeiten auf den stets fein und liebevoll gedeckten Tisch, die hinterher gemeinsam verspeist wurden.

Meine daraus entstandene Back- und Kochleidenschaft hat sich bis heute noch verstärkt. Selbst nach einem anstrengenden Tag finde ich es entspannend, wenn ich in meiner Küche einen samtig, weichen Hefeteig knete oder eine Himbeertorte backe. Auf diese Weise sind über die Jahre sehr viele Rezepte mit persönlicher Note entstanden, die ich seit 2013 auf meinem Blog „Frau Herzblut" – www.frauherzblut.de – teile.

Im Jahr 2000 habe ich durch den Verlust meines Vaters erfahren, wie wichtig es ist, das Leben jeden Tag mit all seinen Schönheiten in vollen Zügen zu genießen. Daher liebe ich es, kleine Feste zu originellen Themen – von der Dekoration bis hin zu den Rezepten – zu gestalten und Gäste mit feinsten Köstlichkeiten aus meiner Küche zu verwöhnen. Denn Anlässe zum Feiern gibt es schließlich immer: Den Sommer, das Leben, die Liebe, einen Geburtstag, ein Familienfest oder einfach nur den Augenblick.

Dieses Buch ist ein absolutes „Herzstück", das mit sehr viel Liebe, Leidenschaft und Herzblut gestaltet wurde. Es dient als Ideen- und Inspirationsquelle für feine, kleine Feste mit Gästen, Familie, Freunde oder um sich einfach mal selbst zu verwöhnen. Sieben Kapitel mit unterschiedlichen, individuellen Themenwelten bieten Rezepte für süße und herzhafte vegetarische Köstlichkeiten, festliche Tische und liebevolle Stylingideen. Als passionierte Swingtänzerin habe ich mich bei einigen Kapiteln vom Vintagecharme der 1930er bis 1950er inspirieren lassen.

Jedes Fest sollte stets durch einen süßen Höhepunkt in Form einer feinen Torte oder eines Kuchen gekrönt werden. Denn etwas frisch Gebackenes bringt Duft, Liebe und Harmonie in das Haus – etwas, dass sich auch im Herzen verbreitet. So wie es Julia Child bereits treffend formulierte:
A party without cake is really just a meeting.

Petit Paris

Die legendäre Audrey Hepburn formulierte einst sehr treffend: „Paris is always a good idea." Wenn eine Reise nach Paris spontan mal nicht möglich ist, braucht es einen würdigen Ersatz, um die frankophile Sehnsucht zu stillen. Beispielsweise in Form einer imaginären „Taxifahrt nach Paris", die an den zuckersüßesten Macarons in Bonbonfarben, mandeligen Madeleines und köstlichen Mini-Brioches vorbeiführt. Den Gästen entlockt dies ganz bestimmt ein freudiges „Oh là là" sowie „Oh"- und „Mmmmh"-Klänge ganz nach Louis de Funès-Manier. Im Hintergrund erklingen leise Musikklassiker wie „April in Paris", „La vie en rose" und „Je Ne Veux Pas Travailler" und laden zu einer romantischen Sohle aufs Parkett ein. Und bei dem ersten Biss in die sündigen Macarons seufzen die Damen: „ Non! Rien de rien. Non! Je ne regrette rien." …

Crème brûlée Torte

mit Himbeeren

**FÜR EINE TORTE MIT
5 SCHICHTEN (Ø 13 CM)**

Für den Teig

» 30 g feste Bio-Sahnekaramell-
   bonbons
» 3 Eier
» 50 g Rohrohrzucker
» ½ TL Vanille, gemahlen
» 50 g Butter, zimmerwarm
» 100 ml Milch
» 180 g Dinkelmehl, Type 630
» 2 TL Weinsteinbackpulver
» 1 Prise Salz
» etwas Butter und Mehl
   für die Backformen

Drei Springformen mit Ø 13 cm

*Für die Crème Pâtissière
als Füllung*

» 250 ml Milch
» 2 Eigelb
» 32 g Speisestärke
» 40 g Rohrohrzucker
» ½ Vanilleschote, längs
   halbieren und das Mark
   herauskratzen
» 150 ml Sahne

Für das Frosting

» 300 ml Bio-Sahne
» 1 TL Bio-Vanillezucker

Für die Dekoration

» 250 g frische Himbeeren,
   verlesen

Backofen auf 175 °C Ober-Unterhitze vorheizen. Bio-Sahne-karamellbonbons in einem Mörser zerkleinern oder in einen Gefrierbeutel füllen, diesen zuhalten und mit einem Nudelholz durch leichtes Schlagen zerkleinern. Eier, Rohrohrzucker und Vanille in einer großen Schüssel mit den Quirlen des Hand-mixers hellschaumig schlagen. Butter und Milch unterrühren. Mehl sieben und mit Weinsteinbackpulver sowie Salz mischen. Die Mischung nach und nach zu der Eier-Masse geben und zu einem glatten Teig verrühren. Den Teig auf 5 gleiche Portionen aufteilen. Drei Springformen gut einfetten, mit etwas Mehl bestäuben, mit Teig befüllen und vor dem Backen mit ein paar zerkleinerten Karamellbonbons bestreuen. Die Böden in der mittleren Backofenschiene etwa 15–17 Minuten backen. Mit einem Holzstäbchen testen, ob die Böden fertig sind. Die Böden aus der Form nehmen und auf einem Kuchengitter auskühlen lassen. Zwei Springformen auswaschen und in einem 2. Durch-gang auf dieselbe Art die zwei weiteren Böden backen.

Für die Crème Pâtissière ein Viertel der Milch mit Eigelb und Speisestärke glatt rühren. Übrige Milch mit Rohrohrzucker, Vanilleschote und -mark zum Kochen bringen. Topf vom Herd ziehen. Portionsweise etwas von der heißen Milch zum An-gleichen zur Eigelb-Stärke-Mischung geben, verrühren und dann alles in die heiße Milch geben. Crème kurz aufkochen und dabei sehr kräftig mit einem stabilen Schneebesen weiterrühren. Crème vom Herd nehmen, Vanilleschote entfernen. Es hat seine Richtigkeit, dass eine sehr feste puddingartige Crème entsteht. Die Crèmeoberfläche direkt mit Folie abdecken, damit sich keine Haut bildet und im Kühlschrank abkühlen lassen. Danach die Crème durch ein Sieb passieren, Sahne steif schlagen, mit einem Teigschaber unterheben und kalt stellen.

Für das Frosting Sahne mit Vanillezucker steif schlagen und kurz in den Kühlschrank stellen. Zum Zusammensetzen einen Torten-boden auf eine Tortenplatte legen und ¼ der Crème darauf ver-streichen. Den nächsten Boden daraufsetzen und so fortfahren, bis alle Böden zusammengesetzt sind. Den letzten Boden mit der Unterseite nach oben auf die Torte setzen. Die gesamte Torte mit einer dünnen Schicht Sahne überziehen und für eine halbe Stun-de in den Kühlschrank stellen. Dann die Torte mit der restlichen Sahne überziehen und mit den Himbeeren dekorieren.

Mini-Brioches

mit Rhabarber-Curd

Für den Teig

» 230 g Dinkelmehl, Type 630
» 25 g Rohrohrzucker
» 1 Prise Salz
» 50 ml Milch, lauwarm
» das Mark von einer halben
  Vanilleschote
» 10 g frische Hefe
» 2 Eier
» 120 g Butter, zimmerwarm
» etwas Butter und Mehl für
  die Backformen
» zum Bestreichen:
  1 Eigelb und 2 EL Milch

Mini-Briocheformen (Ø 6 cm)

Für den Rhabarber-Curd
(ca. 340 ml)

» 180 g Rhabarber
  (z.B. Himbeer-Rhabarber)
» 90 g Rohrohrzucker
» 2 EL Wasser
» 3 frische Eigelb
» ½ TL Vanille, gemahlen
» 1 Prise Salz
» 1 EL Zitronensaft
» 60 g Butter

Am Vorabend: Dinkelmehl, Rohrohrzucker und Salz in einer großen Schüssel vermischen. Lauwarme Milch, Vanillemark und Hefe hinzugeben und verrühren. Eier hinzugeben und mit den Knethaken des Handmixers oder in einer Küchenmaschine auf kleinster Stufe einige Minuten kneten. Butter nach und nach zum Teig geben. Die Stufe des Mixers oder der Küchenmaschine höher stellen und weiter kneten, bis der Teig glatt und seidig aber dennoch relativ weich ist. Die Schüssel abdecken und den Teig über Nacht im Kühlschrank gehen lassen.

Am nächsten Tag: Teig aus dem Kühlschrank nehmen und eine Stunde lang Zimmertemperatur annehmen lassen. Brioche-formen gut einfetten und dünn mit Mehl ausstäuben. Teig kurz auf einer gut bemehlten Arbeitsfläche durchkneten und in 21 Portionen aufteilen. Die Portionen zu Kugeln formen. Aus einer Kugel 20 kleine Kugeln formen. Die großen Kugeln jeweils in eine Brioche-Form geben und in die Mitte mit den Fingern eine Mulde hineindrücken. Die kleinen Kugeln in die Mulden setzen. Brioches mit einem Küchentuch abgedeckt 30 Minuten gehen lassen. Backofen auf 180 °C Ober-Unterhitze (Umluft ungeeignet) vorheizen. Eigelb mit Milch vermischen und die Brioches damit bestreichen. In der mittleren Backofenschiene 16–18 Minuten goldgelb backen. Brioches herausnehmen, ein paar Minuten abkühlen lassen, aus der Form stürzen und auf einem Kuchengitter auskühlen lassen.

Für den Curd: Rhabarber waschen, mit Schale in kleine Stücke schneiden und mit 1 EL Rohrohrzucker 30 Minuten in einem geschlossenen Topf ziehen lassen. 2 EL Wasser hinzugeben und bei kleiner Hitze ca. 10–12 Minuten weich kochen und fein pürieren. Eigelb, restlichen Zucker, Vanille und Salz in eine hitzebeständige Schüssel geben und die Masse über einem Wasserbad mit einem Schneebesen für etwa 6 Minuten schaumig schlagen. Rhabarberpüree und Zitronensaft hinzugeben, die Hitze reduzieren und stückchenweise die Butter hinzufügen. Rhabarbercurd in ein ausgekochtes Einmachglas füllen und fest verschließen. Unangebrochen hält sich Curd bis zu 2 Wochen im Kühlschrank.

Financiers

mit Himbeeren

Einer Legende nach kreierte der Pariser Konditor Monsieur Lasne im Jahr 1888 diese kleinen, saftigen Mandel-
kuchen – angeblich als Hommage an die Bankiers des Ancien Régime. Ursprünglich waren Financiers kleine
ovale Kuchen, die auch unter dem Namen „Visitandines" bekannt sind, da sie von den Visitandines-Ordens-
schwestern gebacken wurden. Später haben die Schweizer das Rezept leicht abgeändert und dem Kuchen
seine rechteckige Form verliehen. Da die Kuchen an Goldbarren erinnern, wurden sie „Financiers" getauft.
In Australien und Neuseeland gibt es ähnliche, etwas größere, runde Kuchen, die sich „Friands" nennen, aber
nicht mit Nussbutter gebacken werden. In dieser Variante sorgen Himbeeren für eine fruchtig-säuerliche Note.

FÜR ETWA 10 FINANCIERS

Für den Teig

- » 120 g Butter
- » 70 g gemahlene Mandeln
- » 20 g Dinkelmehl, Type 630
- » ½ TL Vanille, gemahlen
- » 20 g Speisestärke
- » 50 g Bio-Puderzucker
- » 100 g Himbeeren, frisch oder
  tiefgefroren
- » 4 Eiweiß
- » 1 Prise Salz
- » etwas Butter und Mehl
  für die Backform

eine 12er Muffinform (Ø 5 cm)

Backofen auf 175 °C Ober- und Unterhitze vorheizen. Butter bei
geringer Hitze in einem Topf schmelzen und als helle Nussbutter (Beurre noisette) bräunen. Dann etwas abkühlen lassen.

Gemahlene Mandeln, Mehl, Vanille und Speisestärke fein sieben
und vermischen. Puderzucker separat sieben, die Hälfte zur
Mandel-Mehl-Mischung geben, den Rest beiseitestellen.
Himbeeren verlesen und ggf. abtupfen. Bei der Verwendung
von TK-Himbeeren, die Beeren vorher auftauen lassen und das
Auftauwasser abgießen. Das Eiweiß in einer fettfreien Schüssel
mit der Prise Salz fast steif schlagen und den übrigen Puderzucker hinzugeben. Das Eiweiß bitte nicht ganz steif schlagen.

Mandel-Mehl-Mischung sehr vorsichtig und portionsweise mit
einem Schneebesen unter das Eiweiß heben. Die Nussbutter
ebenfalls portionsweise in den Teig geben. Die Muffinformen
mit etwas Butter einpinseln, mit Mehl bestäuben und den Teig
maximal ⅔ hoch einfüllen. In die Mitte von jedem Financier
drei Himbeeren setzen. Die Financiers etwa 25 Minuten backen,
bis sie schön goldig aussehen. Aus der Form nehmen und auf
einem Kuchengitter auskühlen lassen.

Für eine besondere Note können Financiers mit leicht gesalze-
ner Butter gebacken werden.

Thymian-Quiche

mit Blattsalaten

Für den Teig

» 130 g Dinkelmehl, Type 630
» 65 g kalte Butter
» 2 EL eiskaltes Wasser
» ½ TL Salz
» etwas Butter und Mehl
  für die Form

*Hülsenfrüchte und Backpapier
zum Blindbacken, rechteckige
Tarteform (35 x 11 cm)*

Für die Füllung

» 2 Eier
» 200 ml Sahne
» 200 g gemischte Käsesorten,
  gerieben bzw. zerkleinert
  (z.B. Ricotta, Pecorino,
  Parmesan, Greyezer,
  Schafskäse ...)
» 1 EL frische Thymian-
  blätter, fein gehackt
» Muskatnuss, frisch gerieben
» Salz, Pfeffer

Für den Salat

» 1 EL heißes Wasser
» 1 EL grober Dijon-Senf
» ½ EL Honig
» 4 EL Olivenöl
» Salz, Pfeffer
» 200 g gemischte Asia-
  oder Wildsalate

Alle Teig-Zutaten in eine Schüssel geben und rasch mit den Fingern zu einem Teig verarbeiten. Der Teig darf ruhig etwas gröber sein und sollte nur kurz geknetet werden. Zu einer Kugel formen, in Frischhaltefolie wickeln und etwa 30 Minuten im Kühlschrank ruhen lassen.

Für die Füllung, in einer weiteren Schüssel, Eier und Sahne verquirlen. Käse und Thymian hinzugeben und mit Muskatnussabrieb, Salz und Pfeffer abschmecken.

Die Quicheform mit etwas Butter einfetten und mit Mehl bestäuben. Backofen auf 180 °C Ober-Unterhitze vorheizen. Teig auf einer gut bemehlten Arbeitsfläche ausrollen und die Quicheform auslegen. Auf den Boden ein Stück Backpapier legen, Hülsenfrüchte zum Blindbacken darauf verteilen und 12 Minuten vorbacken. Quicheform herausholen, das Backpapier und die Hülsenfrüchte entfernen. Die Füllung in die Quicheform geben und ca. 25–30 Minuten goldbraun backen.

Für den Salat heißes Wasser mit Dijon-Senf und Honig glatt rühren. Olivenöl hinzugeben und mit Salz sowie Pfeffer abschmecken. Salat waschen, trocken schleudern, mit Dressing vermischen und sofort mit der Quiche servieren.

Macarons

mit Dreierlei Füllungen

Das Backen von Macarons erfordert ein wenig Übung, Zeit und Fingerspitzengefühl. Aber der Geschmack von selbstgebackenen Macarons ist einfach unvergleichlich. Bei der Zubereitung sollten die Schritte für ein gutes Gelingen genau eingehalten werden.

FÜR ETWA 24 MACARONS (Ø 25 MM)

Für den Teig
» 75 g weißer Puderzucker
» 45 g gemahlene, blanchierte Mandeln, ohne Haut
» 36 g Eiweiß (etwas weniger als ein Eiweiß)
» 10 g feiner, weißer Zucker
» optional: rosa, graue und nougatfarbene Lebensmittelfarbe (Pulver oder Paste)

Lochtülle (Ø 8 mm), Spritzbeutel, Blütentülle

Très chic!
Vor dem Backen die Macarons mit Kakao, Himbeerpulver oder Blaumohn bestreuen.

Wegen der Kühlzeiten ist es am besten die Füllungen (S. 20) vor dem Backen der Macarons vorzubereiten. Das Eiweiß am besten zwei Tage im Voraus trennen, damit es im Kühlschrank „altert" und etwas Flüssigkeit verdunstet. Dadurch wird der Eischnee kompakter und stabiler. Bei der Zubereitung müssen alle Zutaten Zimmertemperatur besitzen.

Puderzucker und gemahlene Mandeln dreimal durch ein Sieb streichen, damit ein sehr feines Mandel-Puderzucker-Mehl entsteht. Das Eiweiß mit dem Handmixer oder einer Küchenmaschine aufschlagen. Sowie es weiß wird, den feinen Zucker einstreuen. Nach persönlichem Belieben etwas Lebensmittelfarbe zur Eiweißmasse geben und diese nochmals kräftig durchschlagen. Nun das Mandel-Puderzucker-Mehl in drei Portionen mit einem Teigschaber unter die Eiweißmasse mischen. Das nächste Drittel erst hinzugeben, wenn die Masse homogen ist. Der Teig sollte dick und zähflüssig sein. Die Macaronage nun in einen Spritzbeutel mit Lochtülle füllen. Mehrere Backbleche mit Backpapier auslegen und Kreise mit Ø 25 mm auf die Bleche spritzen. Nach dem Aufspritzen von unten kräftig mit der Hand gegen das Blech schlagen, damit die Oberfläche der Macarons glatt wird. Die Bleche ca. 30 Minuten in einem kühleren Raum – nicht in der heißen Küche – aufbewahren, damit die Macarons antrocknen.

In der Zwischenzeit den Backofen auf 150 °C Umluft vorheizen. Wenn sich auf der Oberfläche der Macarons eine ledrige Haut gebildet hat, können sie nun in der mittleren Backofenschiene 12–15 Minuten gebacken werden. Nach 5–10 Minuten Auskühlzeit lassen sich die Macarons leicht von dem Backpapier lösen und sollten auf Kuchengittern vollständig abkühlen. Die Macarons nach Größen sortieren. Die Wunschfüllung in einen Spritzbeutel mit Blütentülle füllen. Etwas Füllung auf eine Macaronsschale geben, den Deckel daraufsetzen und in den Kühlschrank stellen.

Macarons-Füllungen

Nougat-Ganache

FÜR ETWA 24 MACARONS
(Ø 25 MM)

» 100 g qualitativ gute
  Nougat-Schokolade
  (z. B. von Rapunzel)
» 70 g Schlagsahne
» 60 g Butter

Schokolade klein hacken und in eine Schüssel geben. Sahne in einem Topf kurz bis vor dem Siedepunkt erhitzen und über die Schokolade gießen. Zwei Minuten stehen lassen und verrühren, bis eine glatte Masse entsteht. Wenn die Ganache auf Zimmertemperatur abgekühlt ist, mit dem Handmixer aufschlagen und die Butter portionsweise einarbeiten, bis die Masse emulgiert. Ganache für 2–3 Stunden in den Kühlschrank stellen. Vor der Weiterverarbeitung die Ganache kräftig mit dem Handmixer aufschlagen, bis sie schön cremig ist.

Himbeer-Buttercreme

FÜR ETWA 24 MACARONS
(Ø 25 MM)

» 75 g TK-Himbeeren
» 10 g Rohrohrzucker
» 50 ml Milch
» 9 g Vanillepuddingpulver
» 60 g Butter, zimmerwarm

Himbeeren auftauen, pürieren und in einem Topf mit dem Rohrohrzucker erhitzen. Milch und Puddingpulver anrühren und zu den Himbeeren geben. Kurz unter Rühren aufkochen und vom Herd nehmen. Auf Zimmertemperatur abkühlen lassen und den Pudding durch ein Sieb streichen. Zur Weiterverarbeitung müssen der Pudding und die Butter dieselbe Temperatur besitzen. Den Pudding in einer Schüssel mit dem Handmixer aufschlagen und die Butter portionsweise hinzugeben. Weiterschlagen, bis eine leichte, fluffige Buttercreme entstanden ist. Creme für 30 Minuten in den Kühlschrank stellen.

Vanille-Mohn-Ganache

FÜR ETWA 24 MACARONS
(Ø 25 MM)

» 100 g qualitativ gute
  weiße Schokolade
  (z. B. von Rapunzel)
» 60 ml Vollmilch
» 25 g Butter
» Mark einer halben
  Vanilleschote
» 1 TL Blaumohn

Schokolade klein hacken und in eine Schüssel geben. Milch in einem Topf kurz bis vor dem Siedepunkt erhitzen und über die Schokolade gießen. Zwei Minuten stehen lassen und verrühren, bis eine glatte Masse entsteht. Wenn die Ganache auf Zimmertemperatur abgekühlt ist, mit dem Handmixer aufschlagen, die Butter portionsweise einarbeiten und den Mohn und das Vanillemark untermischen. Ganache für 2–3 Stunden in den Kühlschrank stellen. Vor der Weiterverarbeitung die Ganache kräftig mit dem Handmixer aufschlagen, bis sie schön cremig ist.

Nougat-Ganache

Himbeer-Buttercreme

Vanille-Mohn-Ganache

Madeleines
mit Mandeln & Honig

. . . .

Was gibt es Schöneres als nach einem ausgiebigen Spaziergang sich an einem heißen Tee oder Kaffee zu wärmen und dazu frisch gebackene Madeleines zu genießen. Auch Marcel Proust schwärmte in seinem Roman „Auf der Suche nach der verlorenen Zeit" (1908–1922), Band 1 „In Swanns Welt" von dieser Kombination: „Einen Löffel Tee mit einem aufgeweichten kleinen Stück Madeleine darin an die Lippen. In der Sekunde nun, da dieser mit den Gebäckkrümeln gemischte Schluck Tee meinen Gaumen berührte, zuckte ich zusammen und war wie gebannt durch etwas Ungewöhnliches, das sich in mir vollzog. Ein unerhörtes Glücksgefühl …"

. . . .

FÜR ETWA 30 MADELEINES

Für den Teig
» 2 Eier
» 55 g Bio-Puderzucker oder Rohrohrzucker
» 1 EL flüssigen Honig
» 75 g Dinkelmehl, Type 630
» 25 g gemahlene Mandeln
» 1 TL Weinsteinbackpulver
» 1 Prise Salz
» 100 g Butter, geschmolzen
» 2–3 Tropfen Bittermandelöl
» etwas flüssige Butter zum Einpinseln der Backform

Madeleineform (Muldengröße Ø 55 mm)

Backofen auf 175 °C Ober-Unterhitze (Umluft ungeeignet) vorheizen. In einer Schüssel Eier, Puderzucker und Honig mit den Quirlen eines Handmixers schlagen, bis die Masse hellgelb wird. Mehl mit den gemahlenen Mandeln, Weinsteinbackpulver und Salz mischen und zur Eimasse geben. Zuletzt die geschmolzene Butter und das Bittermandelöl hinzugeben und kräftig rühren. Die Madeleine-Backform mit etwas flüssiger Butter einpinseln. Die Formmulden fast randvoll mit Teig befüllen und in der mittleren Backofenschiene ca. 10 Minuten goldgelb backen.

Beim Backen entsteht mittig eine kleine Beule, die typisch für Madeleines ist. Je nach persönlicher Vorliebe können die Madeleines mit Puderzucker bestäubt oder mit Zuckerguss oder geschmolzener Schokolade glasiert werden.

Als Variante können Madeleines statt mit Bittermandelöl mit Rum, Rosen- oder Orangenblütenwasser aromatisiert werden.

Willkommen im Wunderland!

Oftmals sind es die feinen, kleinen Dinge, die mich zu neuen Ideen inspirieren
– wie ein zauberhaftes Vintage-Puppengeschirr und zwei Häschen-Figuren
aus Porzellan vom Flohmarkt. Aus genau diesen kleinen Schätzchen entstand
eine eigene Traumwelt – ganz wie bei „Alice im Wunderland". Im Zentrum
steht die „Tea Party" des verrückten Hutmachers mitten im Wunderlandwald,
in dem es einiges Skurriles und Süßes mit einem kleinem Augenzwinkern zu
entdecken gibt …

Wunderland-Torte

mit Tonkabohnen-Creme und Himbeeren

Für eine Torte mit 3 Schichten (Ø 13 cm)

Für den Teig

» 3 Eier
» 100 g Rohrohrzucker
» ½ TL Vanille, gemahlen
» 50 g Butter, zimmerwarm
» 100 ml Milch
» 150 g Dinkelmehl, Type 630
» 50 g gemahlene Mandeln
» 2 TL Weinsteinbackpulver
» 1 Prise Salz
» etwas Butter und Mehl
   für die Backformen

Drei Springformen (Ø 13 cm)

Für die Füllung

» 100 g Mascarpone
» 1 EL Rohrohrzucker
» ½ TL Vanille, gemahlen
» 1 Messerspitze frischer
   Abrieb einer Tonkabohne
   (Hinweis auf S. 109)
» 150 g Sahne
» 1 TL Bio-Sahnestand
» 150 g frische Himbeeren

Für die Schokoladenganache

» 75 g weiße Schokolade
» 20 g Sahne
» optional: rosa Lebensmittelfarbe (Paste oder Pulver) und
   Blüten zur Dekoration

Backofen auf 175 °C Ober-Unterhitze vorheizen. Eier, Rohrohr-zucker und Vanille in einer großen Schüssel mit den Quirlen des Handmixers hellschaumig schlagen. Butter und Milch un-terrühren. Das Mehl sieben und mit den gemahlenen Mandeln, Weinsteinbackpulver und Salz mischen. Die Mischung nach und nach zu der Eier-Masse geben und zu einem glatten Teig verrühren. Den Teig auf 3 gleiche Portionen aufteilen. Die Springformen gut einfetten, mit etwas Mehl bestäuben und mit Teig befüllen. Die Böden in der mittleren Backofenschiene etwa 20–22 Minuten backen. Mit einem Holzstäbchen testen, ob sie fertig sind. Anschließend die Böden aus der Form nehmen und auf einem Kuchengitter auskühlen lassen.

Für die Füllung Mascarpone, Rohrohrzucker, Vanille und Tonkabohnenabrieb vorsichtig mit einem Esslöffel glatt rühren. Sahne mit Sahnestand steif schlagen und mit einem Schnee-besen vorsichtig unter die Mascarponecreme heben. Die Creme für 1–2 Stunden in den Kühlschrank stellen.

Für die Schokoladenganache die weiße Schokolade klein hacken und über einem Wasserbad mit der Sahne schmelzen. Nach Belieben rosa Speisefarbe hinzugeben und abkühlen lassen, bis die Ganache wieder etwas eindickt. Die Tortenböden nach Bedarf mit einem Messer begradigen. Die Himbeeren verlesen und ggf. etwas sauber tupfen, jedoch nicht waschen.

Zum Zusammensetzen den ersten Tortenboden auf eine Tortenplatte legen, ¼ der Creme darauf verstreichen und die Hälfte der Himbeeren mit der Öffnung nach unten verteilen. Die Zwischenräume mit Creme auffüllen und den nächsten Boden daraufsetzen. Auf dieselbe Art mit der Füllung fortfahren und dann den letzten Boden mit der Unterseite nach oben auf die Torte setzen. Die Oberfläche mit Ganache überziehen und am Rand herunterlaufen lassen. Die Torte für eine Stunde kühl stellen und nach Belieben mit Blüten dekorieren.

Mini-Schoko-Cupcakes
mit Marshmallow-Frosting

FÜR ETWA 18 MINI-CUPCAKES

Für den Teig
- » 1 Ei
- » 30 g Rohrohrzucker
- » ¼ TL Vanille, gemahlen
- » 20 g Butter, zimmerwarm
- » 30 ml Milch
- » 25 g qualitativ gute dunkle Schokolade (70%)
- » 40 g Dinkelmehl, Type 630
- » 20 g gemahlene Mandeln
- » 1 TL Weinsteinbackpulver
- » 1 Prise Salz

eine Mini-Cupcake-Form (Ø 2,5 cm), Papierförmchen

Für das Frosting
- » 30 g Marshmallows
- » 2 TL Wasser
- » 100 g Sahne

Spritzbeutel, große Lochtülle

Für die Dekoration
- » Mini-Marshmallows

Backofen auf 175 °C Ober- und Unterhitze vorheizen. Ei, Rohrohrzucker und Vanille in einer Schüssel mit den Quirlen des Handmixers hellschaumig schlagen. Butter und Milch unterrühren. Die Schokolade fein hacken, über einem Wasserbad schmelzen und zu der Eier-Masse geben. Mehl sieben und mit den gemahlenen Mandeln, Weinsteinbackpulver und Salz mischen. Die Mischung nach und nach zu der Eier-Masse geben und zu einem glatten Teig verrühren.

Eine Mini-Cupcake-Backform mit Papierförmchen auslegen und den Teig maximal ⅔ hoch einfüllen. Die Mini-Cupcakes in der mittleren Backofenschiene für etwa 12 Minuten backen. Mit einem Holzstäbchen in die Cupcakes stechen und testen, ob sie fertig sind. Die Cupcakes aus der Form nehmen und auf einem Kuchengitter auskühlen lassen.

Für das Frosting Marshmallows und Wasser in einen Topf geben und bei kleiner Temperatur die Marshmallows schmelzen. Die Marshmallow-Masse auf Zimmertemperatur abkühlen lassen, die Sahne hinzufügen und für 1–2 Stunden in den Kühlschrank stellen.

Die Marshmallow-Sahne-Mischung mit den Quirlen des Handmixers steif schlagen und in einen Spritzbeutel mit Lochtülle füllen. Mittig auf jeden Cupcake einen Tuff setzen und mit Mini-Marshmallows dekorieren.

Courtisan au Vanille

mit Tonka-Vanille-Creme

FÜR ETWA 8–10 STÜCK

Für den Brandteig
» 65 ml Milch
» 65 ml Wasser
» 60 g Butter
» 1 Prise Salz
» 65 g Dinkelmehl, Type 630
» 2 Eier

Für die Crème Vanille
» 600 ml Milch
» 4 Eigelb
» 32 g Speisestärke
» 1 Vanilleschote
» 80 g Rohrohrzucker
» etwas Abrieb einer Tonkabohne (Hinweis auf S. 109)

Für die Buttercreme
» 100 g Butter, zimmerwarm
» 150 g Bio-Puderzucker,
  gesiebt
» optional: rosa und violette
  Lebensmittelfarbe (Paste
  oder Pulver)

Für den Zuckerguss
» 100 g Bio-Puderzucker,
  gesiebt
» 2 EL Milch
» optional: grüne
  Lebensmittelfarbe (Paste
  oder Pulver)

Für die Dekoration
» rosa Zuckerperlen

*Spritzbeutel, große und feine
bzw. lange Lochtülle*

Backofen auf 180 °C Ober- und Unterhitze (Umluft ungeeignet) vorheizen. Milch, Wasser, Butter und Salz in einem Topf zum Kochen bringen. Vom Herd nehmen, das Mehl dazugeben, sehr kräftig und schnell mit einem Kochlöffel verrühren. Eine Minute unter Rühren erneut erhitzen, bis sich der Teig vom Topfboden löst. Den Teigkloß in eine Schüssel geben, mit dem Handmixer glatt rühren und etwas abkühlen lassen. Einzeln und nacheinander die Eier dazugeben und verrühren, bis ein zähflüssiger Teig entsteht. Den Teig in einen Spritzbeutel mit großer Lochtülle füllen. Zwei Backbleche mit Backpapier auslegen. Auf das 1. Blech Kreise mit 2 cm Durchmesser spritzen. Auf das 2. Blech Kreise mit 4 und 6 cm Durchmesser spritzen. Im Backofen die kleinen Kreise etwa 14 Minuten und die größeren etwa 18–22 Minuten backen. Auf einem Kuchengitter vollständig auskühlen lassen.

Für die Crème Vanille 3 EL Milch abnehmen und mit Eigelb und Speisestärke glatt rühren. Vanilleschote längs halbieren, das Mark herauskratzen und mit der restlichen Milch, Rohrohrzucker und Tonkabohnenabrieb aufkochen. Portionsweise etwas heiße Milch unter Rühren zum Angleichen zur Eier-Masse geben und dann alles in die heiße Milch gießen. Kurz aufkochen, bis die Masse eindickt und dabei mit einem Schneebesen weiterrühren. Crème vom Herd nehmen, Vanilleschote entfernen. Die Crèmeoberfläche direkt mit Folie abdecken, damit sich keine Haut bildet und im Kühlschrank abkühlen lassen.

Für die Buttercreme Butter und Puderzucker mehrere Minuten cremig aufschlagen und grün einfärben. Für den Guss den Puderzucker mit der Milch glatt rühren. In drei Portionen aufteilen – davon eine rosa und eine andere zart-violett einfärben. Alle Windbeutel von unten mit einem kleinen Messer einstechen. Crème Vanille in einen Spritzbeutel mit langer Lochtülle geben und alle Windbeutel befüllen. Auf alle großen Windbeutel etwas zart-violetten Zuckerguss geben und die mittleren Windbeutel daraufsetzen. Mit etwas rosa Zuckerguss bestreichen und die kleinen Windbeutel daraufsetzen. Mit einem Klecks weißen Zuckerguss verzieren. Die Buttercreme in einen Spritzbeutel mit feiner Lochtülle füllen und die Übergänge mit „Perlen" verzieren. Jeweils einen Klecks Buttercreme auf die Spitze setzen und mit einer Zuckerperle verzieren.

In der Traumwelt von Alice sind der Fantasie keine Grenzen gesetzt. Mit ein paar liebevoll selbst gestalteten Details lässt sich eine individuelle, verwunschene Atmosphäre zaubern. Das alte Goldrandgeschirr hat durch eine mit Alice- und Gesicht-Motiven bedruckte Transferfolie für Porzellan ein neues Aussehen erhalten.

Mit Porzellanmalstiften erhält das Geschirr durch aufgezeichnete geometrische Muster zusätzlich ein frisches Gesicht. Ein Pappdöschen hat sich mit einem Grinsekatze-Aufkleber und einer schwarzen Bommelborte für die Teetafel herausgeputzt.

Selbst gebastelte Cake Topper und Schirmchen aus Papier vermitteln kleine Botschaften. Ein frischer Blumenstrauß mit einem zarten Exotiktouch rundet das Gesamtbild in Pastelltönen ab.

Teekannen-Kekse

mit Vanille

DIE STÜCKZAHL RICHTET SICH NACH DER GRÖSSE DER PLÄTZCHENAUSSTECHER.

Für den Teig

» 110 g kalte Butter
» 30 g Bio-Puderzucker
» 250 g Dinkelmehl, Type 630
» ½ TL Vanille, gemahlen
» 1 Prise Salz
» 1 Ei

Für die Dekoration

» Fondant (Zuckerdekormasse) oder Bio-Marzipanrohmasse
» ggf. etwas Bio-Puderzucker zum Ausrollen
» rosa Lebensmittelfarbe (Paste oder Pulver)
» etwas Zuckerglasur
» weiße, graue und rosa Nonpareilles (Zuckerperlen)
» schwarzer Lebensmittelstift

Teekannen-Keksausstecher

Butter, Puderzucker, Mehl, Vanille und Salz mit den Fingern verreiben, Ei hinzufügen und alles schnell zu einem Teig verkneten. Den Teig in Frischhaltefolie einwickeln und für mindestens 30 Minuten im Kühlschrank ruhen lassen.

Backofen auf 175 °C Ober- und Unterhitze vorheizen. Den Teig auf einer gut bemehlten Arbeitsfläche etwa 8 mm dünn ausrollen und mit einem passenden Plätzchenausstecher Teekannen ausstechen und auf ein mit Backpapier ausgelegtes Blech legen. Die Kekse etwa 8–12 Minuten goldgelb backen und anschließend auf einem Rost auskühlen lassen.

Einen kleinen Teil des Fondants oder Marzipans Rosa einfärben. Sollte die Masse dadurch zu feucht werden, einfach etwas Puderzucker hinzugeben.

Die Arbeitsfläche mit Puderzucker bestäuben. Das weiße Fondant oder Marzipan sehr dünn ausrollen. Mit dem Plätzchenausstecher Teekannen aus dem Fondant ausstechen und passend zuschneiden bzw. das Stück am Teekannenhenkel ausscheiden. Das Fondant oder Marzipan mit etwas Zuckerglasur auf die Kekse kleben. Nach persönlichem Belieben die Teekannen mit rosa Fondantkreisen und Zuckerperlen dekorieren. Mit dem Lebensmittelstift geschlossene Augenlider mit Wimpern aufmalen.

Nach diesem Rezept werden auch die „Swing Cat Cookies"
(S. 99) gebacken.

Pecorino-Scones

mit Thymian und Rosmarin

Scones sind der absolute Klassiker zur britischen Tea Time und schmecken am besten frisch aus dem Ofen. Dieses mürbe Gebäck lässt sich süß als auch herzhaft zubereiten. In dieser herzhaften Variante überzeugen die Scones mit kräftigen, erdigen Kräutern wie Thymian und Rosmarin und sind der perfekte Begleiter zum Tee.

FÜR CA. 6 STÜCK (Ø 6 CM)

Für den Teig
- » 100 g Dinkelmehl, Type 630
- » 100 g Dinkelvollkornmehl
- » 2 ½ TL Weinsteinbackpulver
- » ½ TL Salz
- » ½ TL Pfeffer, frisch gemahlen
- » ¼ TL Rosenpaprika
- » ¼ TL Muskatnuss, frisch gerieben
- » ½ EL frische Thymian-blätter, fein gehackt
- » ½ EL frische Rosmarin-nadeln, fein gehackt
- » 80 g Pecorino, fein gerieben
- » 50 g kalte Butter
- » 140 ml Buttermilch
- » zum Bestreichen: etwas Milch und ein Eigelb

Kreisausstecher (Ø 6 cm)

Backofen auf 210 °C Ober-Unterhitze vorheizen. In einer Schüssel beide Mehlsorten mit Weinsteinbackpulver, Salz, Pfeffer, Rosenpaprika, Muskatnuss, Thymian, Rosmarin und Pecorino vermischen. Butter hinzufügen und mit den Fingern zu einer krümeligen Masse verreiben. Dann die Buttermilch hineingeben und durch Drücken – nicht Kneten – zu einer Teigkugel verarbeiten. Sollte der Teig zu feucht sein, noch etwas Mehl hinzugeben.

Den Teig auf einer bemehlten Arbeitsfläche auf ca. 3 cm Dicke ausrollen, Kreise mit Ø 6 cm ausstechen und auf ein mit Backpapier ausgelegten Backblech legen. Die Oberfläche mit der Milch-Eigelbmischung bestreichen und im Ofen etwa 8–11 Minuten goldgelb backen.

Am besten schmecken die Scones lauwarm und mit einer Tasse kräftigen Earl Grey.

Bella Italia

Im Zeitalter des Wirtschaftswunders der 1950er Jahre war Italien der Inbegriff der Reisesehnsucht der Deutschen: Voll bepackte VW-Käfer, die auf abenteuerlichen Fahrten über die Alpen gen Süden treue Dienste leisteten, der erste vorsichtige Annäherungsversuch an Spaghetti und unzählige deutsche Schlager wie Conny Froboess' „Zwei kleine Italiener" oder „Komm' ein bisschen mit nach Italien" von Peter Alexander. Mein Herz wurde schon als Kind im Sturm von der einfachen italienischen Küche erobert. Von A wie Antipasti bis Z wie Zabaglione. Eine Liebe, die bis heute ungebrochen anhält. Das Geheimnis der italienischen Mammas ist dabei ganz einfach und genial zugleich: wenige, qualitativ gute und saisonale Produkte, die mit viel Liebe zubereitet werden. Dank der unkomplizierten Vorbereitung beschert ein italienisches Festmahl viel Zeit für die Gäste und zaubert Klein und Groß ein Lächeln ins Gesicht.

Tomaten-Bruschetta

mit Aubergine

FÜR 4 PERSONEN
ALS VORSPEISE

Für 4 Antipasti-Scheiben

» 4 Zweige mit 12 kleinen
  Cherry- oder anderen
  Tomaten an der Rispe
» 1 große Aubergine
» Olivenöl
» 3 Knoblauchzehen
» Salz
» getrocknete Chiliflocken
» 1 kleines Bund Majoran
» 1 kleines Bund Basilikum
» ein halbes Sauerteigbrot
» etwas Parmesan, in grobe
  Späne gehobelt

Backofen auf 200 °C Ober-Unterhitze vorheizen. Tomaten mit der Rispe waschen, trocknen und auf ein Blech mit Backpapier oder in eine große Auflaufform legen. Durch das Garen an der Rispe schmecken Tomaten viel aromatischer. Die Aubergine waschen, das Strunkende entfernen, längs halbieren und in etwa 1 cm dicke Halbkreise schneiden. Zu den Tomaten geben, mit etwas Olivenöl beträufeln. Zwei Knoblauchzehen schälen und in Scheiben schneiden. Die Tomaten und Aubergine mit Knoblauchscheiben, Salz und ein wenig Chiliflocken bestreuen und die Hälfte der Majoranzweige darüber verteilen. Im Ofen ca. 25–30 Minuten garen lassen. Anschließend herausnehmen, etwas auskühlen lassen. Knoblauchzehen und die Majoranzweige entfernen. Auberginenscheiben auf einem Brett grob zerhacken.

Das Brot schräg in 4 ca. 2,5 cm breite Scheiben schneiden. Die Brotscheiben in einer Grillpfanne ohne Öl oder unter dem Grill des Backofens von beiden Seiten goldbraun rösten. Auf einer Seite der Brotscheiben eine geschälte Knoblauchzehe ein wenig auf- und abstreichen und mit etwas Olivenöl beträufeln. Auf jeder Brotscheibe ein paar Auberginestücke verteilen. Darüber 3 Tomaten an der Rispe legen. Mit ein paar Basilikum- und Majoranblättern und einem Hauch Parmesan bestreuen sowie mit einem weiteren winzigen Schuss Olivenöl beträufeln.

Idealerweise sollte Bruschetta frisch bzw. lauwarm serviert werden – sonst weicht das Brot zu sehr durch. Dazu einen trockenen Prosecco reichen.

Grüner Spargel Salat

mit Kirschtomaten und Büffelmozzarella

FÜR 4 PERSONEN
ALS BEILAGE

- » 500 g grüner Spargel
- » 4 EL Olivenöl
- » 1 EL Zitronensaft
- » ½ EL Schale von einer
  Bio-Zitrone, fein gerieben
- » 1 Knoblauchzehe, gehackt
- » Salz, Pfeffer
- » ½ kleines Bund Basilikum
- » 1 frische, milde Chilischote
- » 150 g Kirschtomaten
- » 2 Büffelmozzarella

Spargel waschen, die Enden etwas kürzen und die unteren holzigen Stücke mit einem Sparschäler schälen und die Stangen schräg in 5 cm lange Stücke schneiden. Eine Grill-pfanne ohne Öl stark erhitzen und die Spargelstangen der Reihe nach bissfest grillen. Dabei die Stücke regelmäßig wenden. Olivenöl mit Zitronensaft und -schale, Knoblauch-zehe, Salz und Pfeffer zu einem Dressing verrühren. Die Hälfte des Basilikums hacken und ebenfalls zum Dressing geben. Chilischote längs halbieren, Kerne entfernen und fein hacken. Kirschtomaten waschen, trocknen und halbieren. Den gegrillten Spargel und die Tomaten mit dem Dressing vermischen und auf einer Platte anrichten. Büffelmozzarella etwas aufreißen, auf den Spargel setzen und mit Chili und den restlichen Basilikumblättern bestreuen.

Zucchinisalat

mit Minze und Rucola

FÜR 4 PERSONEN
ALS BEILAGE

- » 1 Knoblauchzehe
- » ½ Handvoll Minze
- » ½ Handvoll Basilikum
- » 4 EL Zitronensaft
- » ½ EL Schale von einer
  Bio-Zitrone, fein gerieben
- » Salz, Pfeffer
- » 120 ml Olivenöl
- » 4 kleine Zucchini
- » 40 g Pinienkerne
- » 1 große Handvoll Rucola
- » 1 kleines Stück Pecorino

Knoblauchzehe, Minze und Basilikum fein hacken. In einer Schüssel Zitronensaft und -schale mit etwas Salz und Pfeffer vermischen. Olivenöl, Knoblauch, Basilikum und Minze hinzugeben, verrühren und beiseite stellen. Zucchini an den Enden kappen, mit einem Sparschäler in lange, dünne Bänder schneiden und in das Dressing geben. Alles gut miteinander vermischen und 10 Minuten marinieren. In einer Pfanne – ohne Zugabe von Öl – die Pinienkerne goldgelb rösten. Zucchini mit dem Dressing auf einer Platte anrichten und mit Rucola und Pinienkernen bestreuen sowie den Pecorino als grobe Späne darüber hobeln.

Ricotta-Gnocchi

in Basilikum-Tomatensauce

Ricotta-Gnocchi – in Süditalien „Ndundari" genannt – sind ursprünglich ein traditionelles Gericht aus Minori an der Amalfiküste, welches am Gedenktag des einheimischen Schutzpatrons zubereitet wird. Diese fantastischen Gnocchi schmecken einfach nach Heimat und Geborgenheit. Ein perfektes Essen für die ganze Familie!

ZUTATEN FÜR 4 PERSONEN

Für die Gnocchi

» 265 g Weizenmehl (italienischer Type 00, alternativ deutscher Type 405)
» 290 g Ricotta
» 4 Eigelb
» 25 g Parmesan, frisch gerieben
» 1 Prise Muskatnuss, frisch gerieben
» etwas Salz
» Pfeffer, frisch gemahlen
» etwas Weizenmehl zum Bestäuben

Für die Tomatensauce

» 6 EL Olivenöl und ein paar Spritzer zum Servieren
» 4 frische Knoblauchzehen, in dicke Scheiben geschnitten
» 800 g halbierte Eiertomaten guter Qualität aus der Dose
» etwas Salz
» Pfeffer, frisch gemahlen
» getrocknete Chiliflocken
» eine große Handvoll Basilikumblätter
» etwas Parmesan zum Bestreuen, frisch gerieben

Wasser im Wasserkocher erhitzen und einen großen Topf bereitstellen. In einer Schüssel alle Zutaten für die Gnocchi zu einem weichen, feuchten Teig verkneten. Auf einer bemehlten Arbeitsfläche den Teig ein wenig weiterkneten. Dann den Teig mit den Händen zu einem langen dünnen Strang (etwa 1–1,5 cm breit) rollen. Mit einem Messer in 2 cm breite Stücke schneiden.

Für die Sauce das Olivenöl sanft in einer Pfanne erhitzen und die Knoblauchscheiben bei kleiner Hitze anschwitzen. Tomaten hinzugeben und die Sauce behutsam erhitzen, bis sie kleine Blasen schlägt. Mit Salz, Pfeffer und Chiliflocken abschmecken, so dass die Sauce leicht pikant, aber nicht scharf schmeckt. Die Basilikumblätter grob zerrupfen und ganz zum Schluss in die Sauce geben.

Während der Zubereitung der Sauce die Gnocchi in den Topf mit gesalzenem, kochendem Wasser geben und warten, bis sie an die Oberfläche steigen. Die Hitze reduzieren und die Gnocchi weitere 2 Minuten garen. Mit einer Schaumkelle die Gnocchi aus dem Wasser heben, etwas abtropfen und zur Tomatensauce geben. Gleichmäßig vermischen, auf Tellern anrichten, mit etwas Olivenöl beträufeln, frischen Parmesan darüber reiben und einfach nur genießen!

Buon appetito!

Tiramisutorte

mit Aprikosenkernen

FÜR EINE TORTE MIT
4 SCHICHTEN (Ø 13 CM)

Für den Biskuitteig

- » 4 Eier
- » 4 EL Espresso, kalt
- » 1 EL Milch
- » 1 EL Vin Santo
  (italienischer Dessertwein)
- » 60 g Rohrohrzucker
- » 1 Prise Salz
- » 50 g Speisestärke
- » 30 g Aprikosenkerne,
  gemahlen
- » etwas Butter und Mehl
  für die Backformen

Zwei Springformen mit Ø 13 cm

Für die Füllung

- » 500 g Mascarpone
- » 50 g Rohrohrzucker
- » 2 EL Vin Santo
- » 100 ml Sahne
- » 1 TL Bio-Sahnestand

Für die Tortenfertigstellung

- » 4 EL Espresso, kalt

Für die Dekoration

- » Kakaopulver, ungesüßt
- » ein kleines Stück
  Milchschokolade

Für Kinder:
Espresso und Vin Santo
einfach mit ungesüßtem
Orangen- oder Kirschsaft
ersetzen.

Backofen auf 175 °C Ober-Unterhitze vorheizen. Die Eier trennen. Eigelb, Espresso, Milch und Vin Santo mit den Quirlen des Handrührers schaumig schlagen, dann 50 g Rohrohrzucker langsam dazugeben und so lange weiterrühren, bis die Masse hell und dickschaumig ist. Eiweiß und Salz separat sehr steif aufschlagen, dann die restlichen 10 g Rohrohrzucker einrieseln lassen und weiterschlagen, bis sich der Zucker vollständig aufgelöst hat. Eischnee auf die Eigelbcreme geben, dann die Speisestärke darüber sieben, die gemahlenen Aprikosenkerne hinzugeben und alles vorsichtig mit einem Schneebesen unterheben. Hierbei bitte nicht zu stark rühren. Den Teig auf 4 gleiche Portionen aufteilen. Beide Springformen gut einfetten, mit etwas Mehl bestäuben und mit Teig befüllen. Die Böden im Backofen für etwa 22 Minuten backen. Mit einem Holzstäbchen testen, ob die Böden fertig sind. Die Böden aus der Form nehmen und auf einem Kuchengitter auskühlen lassen. Beide Springformen auswaschen und darin in einem 2. Durchgang die zwei weiteren Böden backen.

Für die Füllung in einer Schüssel Mascarpone und Rohrohrzucker mit einem Kochlöffel glatt rühren, bis sich der Zucker aufgelöst hat. Dann den Vin Santo hinzufügen und verrühren.

Sahne mit Sahnestand steif schlagen und vorsichtig unter die Mascarponecreme heben. Die Füllung für eine Stunde in den Kühlschrank stellen.

Zum Zusammensetzen den ersten Tortenboden auf eine Tortenplatte legen, mit 1 EL Espresso beträufeln, ¼ der Creme darauf verstreichen und den nächsten Boden daraufsetzen. Auf dieselbe Art mit den weiteren Böden fortfahren und dann den letzten Boden – ausnahmsweise mit der Oberseite nach oben – auf die Torte setzen. Auf der Oberfläche den restlichen Espresso und die restliche Creme verteilen – sie darf ruhig ein wenig an den Rändern herunterlaufen. Milchschokolade mit einem Sparschäler in Späne hobeln. Die Torte mit Kakaopulver bestäuben und mit den Schokoladenspänen bestreuen.

Sommerparty im Garten

Es begann alles mit dem alten Küchentisch meiner Großmutter. Denn an diesem Tisch hat sie mit mir als Kind die schönsten Kuchen und Torten mit saisonalen Zutaten aus ihrem Garten gebacken. Nach der Auflösung ihres Hauses wurde der Tisch von vier Lackschichten befreit und strahlt nun ganz in Weiß. Dieses alte Schmuckstück lieferte mir mit seinem unwiderstehlichen Charme die Idee für eine weiße Sommer-Gartenparty im Juli. Zu feiern gibt es ja schließlich immer etwas – den Sommer, das Leben, die Liebe, einen Geburtstag, eine Taufe, eine Verlobung oder eine Hochzeit. Als hellste Farbe des Farbspektrums symbolisiert keine andere Farbe den Sommer so gut wie Weiß und sorgt für beschwingte Leichtigkeit. Geschützt unter Bäumen oder einem Sonnenschirm bietet dieser Sweet Table süße und herzhafte Stärkungen sowie fruchtig, kühle Erfrischungen. So lässt sich ein unendlich erscheinender Sommertag im Garten mit allen Sinnen voll auskosten.

Poppy Seed Gugls
mit Zitrone

Ursprünglich wurde der klassische Gugelhupf mit Hefeteig zubereitet und erlangte in der Biedermeierzeit an Popularität. Er galt geradezu als Statussymbol. Für diese leichte Sommervariante mit Zitrone und Blaumohn wurde der Gugelhupf in Miniaturformat gebacken. Ein perfektes Fingerfood oder hübsch verpackt eine süße, kleine Überraschung zum Verschenken!

FÜR ETWA 18 MINI-GUGLS (Ø 4 CM)

Für den Teig
» 1 Eier
» 25 g Rohrohrzucker
» 25 g Butter, zimmerwarm
» 25 ml Vollmilch
» ½ TL Vanille, gemahlen
» Saft und Schalenabrieb einer halben Bio-Zitrone
» 45 g Dinkelmehl, Type 630
» 1 EL Blaumohn
» ½ TL Weinsteinbackpulver
» 1 Prise Salz
» etwas Butter und Mehl für die Backform

eine 18er Mini-Gugl-Backform aus Silikon (Ø 4 cm), Spritzbeutel mit Lochtülle

Für die Glasur
» 60 g Bio-Puderzucker
» 1 EL Zitronensaft
» ¼ TL Schale von einer Bio-Zitrone, fein gerieben

Für die Dekoration
» nach Belieben: weiße Zuckerperlen

Backofen auf 175 °C Ober-Unterhitze vorheizen. Ei und Rohrohrzucker in einer großen Schüssel mit den Quirlen des Handmixers hellschaumig schlagen. Butter, Milch, Vanille, Zitronensaft und -schale unterrühren. Mehl sieben und mit Blaumohn, Weinsteinbackpulver und Salz mischen. Die Mischung nach und nach zu der Eier-Masse geben und zu einem glatten Teig verrühren.

Die Mini-Gugl-Backform mit etwas Butter einfetten und mit ein wenig Mehl bestäuben. Am besten lässt sich der Teig mit einem Spritzbeutel mit großer Lochtülle in die Mini-Formen einfüllen. Die Mulden maximal ⅔ hoch befüllen.

Die Mini-Gugls im Backofen für etwa 15 Minuten in der mittleren Backofenschiene backen. Mit einem Holzstäbchen testen, ob sie fertig sind. Gugls aus dem Ofen holen und 5 Minuten in der Form auskühlen lassen. Dann aus der Form stürzen und auf einem Kuchengitter vollständig auskühlen lassen.

Puderzucker sieben mit Zitronensaft und -schale zu einer dickflüssigen Glasur anrühren und damit die Mini-Gugls überziehen. Nach Belieben mit weißen Zuckerperlen dekorieren.

Blaubeer-Torte

mit Joghurt

**FÜR EINE TORTE MIT
4 SCHICHTEN (Ø 13 CM)**

Für den Teig

» 3 Eier
» 100 g Rohrohrzucker
» 50 g Butter, zimmerwarm
» 100 g Joghurt
» 1 EL Zitronensaft
» Schale von einer halben
  Bio-Zitrone, fein gerieben
» 180 g Dinkelmehl, Type 630
» 2 TL Weinsteinbackpulver
» ½ TL Natron
» 1 Prise Salz
» etwas Butter und Mehl
  für die Backformen

Zwei Springformen mit Ø 13 cm

*Für die Joghurt-Creme (Füllung
und Frosting)*

» 100 g Mascarpone, kalt
» 200 g griechischer Joghurt,
  stichfest
» 30 g Bio-Puderzucker, gesiebt
» 1 EL Zitronensaft
» 100 ml Sahne
» 1 Päckchen Bio-Sahnestand

Für die Füllung

» 3 EL Blaubeermarmelade
» 250 g frische Blaubeeren,
  gewaschen und verlesen

Für die Dekoration

» Blaubeeren, Brombeeren,
  Blüten

Backofen auf 175 °C Ober-Unterhitze vorheizen. Eier und Rohrohrzucker in einer großen Schüssel mit den Quirlen des Handmixers hellschaumig schlagen. Butter, Joghurt, Zitronensaft und -schale unterrühren. Das Mehl sieben und mit Weinsteinbackpulver, Natron und Salz mischen. Die Mischung nach und nach zu der Eier-Masse geben und zu einem glatten Teig verrühren. Den Teig auf 4 gleiche Portionen aufteilen. Beide Springformen gut einfetten, mit etwas Mehl bestäuben und mit Teig befüllen. Die Böden in der mittleren Backofenschiene für etwa 18–21 Minuten backen. Mit einem Holzstäbchen testen, ob die Böden fertig sind. Die Böden aus der Form nehmen und auf einem Kuchengitter auskühlen lassen. Beide Springformen auswaschen und in einem 2. Durchgang die zwei weiteren Böden backen.

Für die Füllung bzw. Frosting Mascarpone und Joghurt vorsichtig mit einem Löffel glatt rühren. Zitronensaft und Puderzucker unterrühren. Sahne mit Sahnestand steif schlagen und vorsichtig unter die Mascarpone-Joghurt-Creme heben – für mindestens eine Stunde in den Kühlschrank stellen.

Zum Zusammensetzen den ersten Tortenboden auf eine Tortenplatte legen, einen Esslöffel Blaubeermarmelade auf dem Boden verstreichen und ¼ der Creme darauf verteilen. Den nächsten Boden daraufsetzen und so fortfahren, bis alle Böden zusammengesetzt sind. Den letzten Boden mit der Unterseite nach oben auf die Torte setzen. Die gesamte Torte mit einer dünnen Schicht Joghurt-Creme überziehen und für eine halbe Stunde in den Kühlschrank stellen. Dann die Torte mit der restlichen Joghurt-Creme überziehen und mit Blaubeeren, Brombeeren und Blüten dekorieren.

Cheesecake-Törtchen

nach New Yorker Art & mit Brombeeren

FÜR ETWA 12 TÖRTCHEN

Für den Teig
- » 130 g Butter, kalt
- » 250 g Dinkelmehl, Type 630
- » 30 g Bio-Puderzucker
- » 1 Ei
- » ½ TL Vanille, gemahlen
- » 1 Prise Salz

12 feste Papier-Muffinformen oder eine 12er Muffinform (Ø 5 cm), Backpapier und getrocknete Hülsenfrüchte zum Blindbacken, feuerfeste Auflaufform

Für die Füllung
- » 230 g Vollrahm-Frischkäse
- » 50 g Rohrohrzucker
- » ½ TL Vanille, gemahlen
- » 80 g Schmand
- » 1 Ei
- » ¼ TL Vanillepuddingpulver oder Speisestärke
- » ½ TL Schale von einer Bio-Zitrone, fein gerieben
- » 1 TL Zitronensaft

Für die Dekoration
- » 36 Brombeeren, gewaschen und verlesen

Die Teigzutaten rasch zu einem Mürbeteig verkneten, in Frischhaltefolie verpacken und eine Stunde im Kühlschrank ruhen lassen.

Backofen auf 175 °C Ober-Unterhitze vorheizen. Teig auf einer gut bemehlten Arbeitsfläche ausrollen, zuschneiden und damit die festen Papierformen auslegen. Mit einer Gabel ein paar Löcher in die Böden stechen. Backpapier zuschneiden, in die Formen auf den Teig legen und jeweils ein paar Hülsenfrüchte hineingeben. Die Teigböden für etwa 13–15 Minuten blind backen. Herausnehmen, Hülsenfrüchte und Backpapier entfernen. Die Backofentemperatur auf 140–150 °C Ober-Unterhitze reduzieren.

In einem Wasserkocher etwas Wasser zum Kochen bringen. Für die Füllung Vollrahm-Frischkäse, Rohrohrzucker und Vanille cremig-fluffig aufschlagen, bis sich der Zucker aufgelöst hat. Schmand hinzugeben, kurz verquirlen, Ei hinzugeben und nochmals 1–2 Minuten cremig verquirlen. Als letztes Vanillepuddingpulver, Zitronensaft und -abrieb unterrühren und die Masse in die vorbereiteten Formen füllen. Das kochende Wasser in eine feuerfeste Auflaufform füllen und diese auf den Boden des Backofens stellen. Die Cheesecakes in der mittleren Schiene auf ein Backblech stellen. Durch die erhöhte Luftfeuchtigkeit erhalten die Cheesecakes eine schöne, glatte Oberfläche ohne Risse. Die Cheesecakes etwa 20–30 Minuten stocken lassen. Beim leichten Rütteln an den Formen sollten die Cheesecakes dann nur noch leicht wackeln. Ist die Masse nach dieser Zeit noch zu flüssig – das hängt vom Backofen ab –, einfach die Backzeit etwas verlängern. Nach dem Abkühlen auf jeden Cheesecake mittig 3 Brombeeren setzen.

Panna Cotta

mit Waldbeerencoulis

FÜR 4 PORTIONEN

Für das Panna Cotta
- » 400 ml Sahne, davon 100 ml steif geschlagen
- » 1 Vanilleschote
- » 40 g Rohrohrzucker
- » 3 Blatt Bio-Gelatine
- » 75 g Schmand

Für die Waldbeerensauce
- » 150 g gemischte Beeren
- » 25 g Rohrohrzucker
- » ¼ TL Vanille, gemahlen

Für die Dekoration
- » 4 Schaschlikspieße
- » Blaubeeren, Brombeeren

Von der Sahne 100 ml steif schlagen und kalt stellen. Vanilleschote längs aufschneiden und das Mark herauskratzen. Die restliche Sahne mit Rohrohrzucker, Vanillemark und -schote in einen Topf geben und aufkochen. Anschließend bei geschlossenem Deckel 15 Minuten ziehen lassen. Die Gelatine in kaltem Wasser einweichen.

Vanilleschote aus der Sahne entfernen. Gelatine gut ausdrücken und in der heißen Sahne auflösen. Schmand unterrühren und die Masse auf Zimmertemperatur abkühlen lassen.

Vorsichtig die steif geschlagene Sahne unterheben und die Masse in beliebige Förmchen oder Gläser (mit je ca. 125 ml Inhalt) füllen. Die Panna Cotta zugedeckt für mindestens 6 Stunden kalt stellen.

Für die Waldbeerencoulis Beeren, Rohrohrzucker und Vanille fein pürieren und auf die Panna Cotta verteilen. Für die Dekoration Schaschlikspieße kürzen, abwechselnd Blau- und Brombeeren aufspießen und auf die Gläser legen.

Eine ganz in Weiß gedeckte Sommertafel lädt neben dem Sweet Table zum Verweilen, Essen und Genießen ein. Als Tischdekoration dienen Blumen aus dem Garten. Gladiolen, Pompom-Dahlien, Jungfer im Grünen und Wilde Möhre wurden in unterschiedlichen weißen, alten Vasen arrangiert.

In den Schubladen des Tisches finden sich fruchtige Überraschungen wie eisgekühlte Himbeerlimonade in kleinen Milchflaschen. Diese wurden mit weißen Wimpelketten beklebt, die sich schnell aus weißer, selbstklebender Folie ausschneiden lassen.

Frische Feigen und Ziegenfrischkäsetaler passen hervorragend zu den Rosmarin-Grissini (S. 63).

An heißen Tagen ist es vorteilhaft einen Sweet Table unter Bäumen zu platzieren. Dekorationen wie Papierrosetten, Wabenbälle, Pompoms oder ein alter Vogelkäfig sorgen für die richtige, beschwingte Sommerstimmung.

Mini-Pizza

mit Steinpilzen

Für etwa 18 Mini-Pizzas (Ø 6 cm)

Für den Teig
» 10 g frische Hefe
» 5 g Salz
» 80 ml lauwarmes Wasser
» 125 g Bio-Mehl, Typ 405 oder Dinkelmehl, Type 630
» 25 g feiner Hartweizengrieß

Zutaten für den Belag
» 125 g Dosentomaten (stückig)
» ½ TL getrockneter Oregano
» ½ frische Knoblauchzehe
» 1 EL Olivenöl
» frische Basilikum- und Majoranblätter
» Salz, Chiliflocken
» 4–5 frische Steinpilze
» 30 g Pecorino
» 1 Büffelmozzarella

Kreisausstecher (Ø 6 cm)

Am Vorabend: Hefe und Salz im lauwarmen Wasser auflösen und mit dem Mehl und Hartweizengrieß kräftig zu einem geschmeiden Teig verkneten. Je länger Pizzateig geht, desto besser und knuspriger wird er. Den Teig über Nacht abgedeckt im Kühlschrank gehen lassen.

Notfalls kann der Teig auch spontan zubereitet werden und sollte abgedeckt bei Zimmertemperatur mindestens ein Stunde lang gehen.

Am Folgetag: Backofen auf 200 °C Ober-Unterhitze vorheizen. Den Pizzateig durchkneten und auf einer gut bemehlten Arbeitsfläche etwa 5–7 mm dick ausrollen. Kreise ausstechen und auf ein mit Backpapier belegtes Blech verteilen. Für die Pizzasauce Dosentomaten, Oregano, Knoblauchzehe, Olivenöl, ein paar Basilikumblätter, ½ TL Salz und nach Belieben Chiliflocken zu einer sämigen Sauce pürieren. Steinpilze verlesen, ggf. mit einem Pinsel säubern und in dünne Scheiben schneiden. Pecorino fein reiben und Büffelmozzarella in kleine Stücke schneiden. Die Mini-Pizzas mit Sauce bestreichen und jeweils mit einer Scheibe Steinpilz belegen sowie mit beiden Käsesorten bestreuen. Mini-Pizzas für etwa 12–14 Minuten goldgelb backen, bis sie knusprig sind. Vor dem Servieren die restlichen Kräuterblätter über die Mini-Pizzas streuen.

Rosmarin-Grissini

Für etwa 12 Grissini

» ein Pizzateig, s. o.
» ½ EL Rosmarinnadeln, fein gehackt
» ½ TL Meersalz

Backofen auf 200 °C Ober-Unterhitze vorheizen. Rosmarinnadeln zum Pizzateig geben, verkneten und in 12 gleich große Stücke teilen. Jedes Stück mit den Händen zu einer Rolle (ca. 1–1,5 cm) formen und etwas in sich verdrehen. Die Grissini auf ein mit Backpapier belegtes Blech legen und mit Meersalz bestreuen. Im Backofen etwa 15 Minuten goldgelb backen.

Aloha from Hawaii

Als Kind war ich schwer verliebt – und zwar in Elvis. Ich liebte es, wie der „King of Rock 'n' Roll", im Hawaii-Hemd und mit Blumenkette, in dem Musikfilm „Blue Hawaii" aus dem Jahr 1961 seine Hüften schwang und sang. Mit meinem Vater tanzte ich daher zu gerne ein paar Rock-'n'-Roll-Schritte nach. Heute – knapp 30 Jahre später – tanze ich immer noch gerne. Allerdings den Vorläufer des Rock 'n' Roll: Lindy Hop. Auch das Exotische aus diesem Film inspiriert mich heute noch. Die Begeisterung für die Modewelle des „Tiki Styles" scheint allgemein seit den frühen 1950er Jahren ungebrochen. Besonders in der heutigen Rockabilly- und Swing-Szene findet das Exotik-schema großen Anklang. Dieses Kapitel ist meine persönliche Hommage an die Blütezeit des Hawaii-Booms mit exotischen süßen als auch herzhaften Speisen, Palmen, Cocktails und vielen Flamingos – auch wenn Flamingos auf Hawaii vermutlich nur im Zoo von Honolulu zu finden sind …

Frozen Hibiscus

mit Minze & Basilikumsamen – alkoholfrei

FÜR 2 GLÄSER

» 2 Bio-Teebeutel „Hagebutte-
  Hibiskus"
» 500 ml kochendes Wasser
» 4 EL Basilikumsamen
  „Hạt é" (aus dem Asialaden)
» 2 Limetten
» 2–3 EL Bio-Limettensirup
» 4 Zweige Minze
» 4 EL frische Früchte der
  Saison wie z. B. Wassermelone, Granatapfelkerne,
  Litschi, Pfirsich, Himbeeren
» pro Glas 3–4 Eiswürfel

Die Teebeutel mit dem kochenden Wasser aufgießen, 5 Minuten ziehen und dann abkühlen lassen. Basilikumsamen 15 Minuten vorher zubereiten. Dafür die Samen kurz in einem Sieb abwaschen und 15 Minuten in ausreichend kaltem Wasser quellen lassen. Den abgekühlten Hagebutte-Hibiskus-Tee mit dem Saft von 1½ Limetten und je nach persönlichem Geschmack mit 2 oder 3 Esslöffeln Limettensirup vermischen. Basilikumsamen abseihen und auf beide Gläser verteilen. Die übrige halbe Limette in Scheiben schneiden. Die Früchte in mundgerechte Stücke schneiden. Früchte, Minzzweige, Limettenscheiben sowie die Eiswürfel abwechselnd in die Gläser schichten, mit dem Tee aufgießen und mit ein paar Minzblättern dekorieren.

Blue Hawaiian

mit Blue Curaçao – alkoholhaltig

Hawaii wurden gleich zwei Cocktails gewidmet: „The Blue Hawaii" (das Original) und „The Blue Hawaiian" (eine Weiterentwicklung). Der berühmte Barkeeper Harry Yee im „Hilton Hawaiian Village" in Waikiki erfand den „The Blue Hawaii"-Cocktail im Jahr 1957, da er sich ein Getränk ausdenken sollte, welches Blue Curaçao beinhaltete. Wider Erwarten besitzt der Cocktail keine Verbindung zu dem Elvis Presley Musikfilm „Blue Hawaii" von 1961. Der Cocktail wurde nach dem von Leo Robin komponierten Song „Blue Hawaii" zu Bing Crosby's Film „Waikiki Wedding" aus dem Jahr 1937 benannt. Elvis Presley verwendete für seinen Titelsong denselben Namen. „The Blue Hawaiian" wird auch als „Swimming Pool Cocktail" bezeichnet.

FÜR 1 GLAS

» 4 cl Rum (weiß)
» 2 cl Blue Curaçao
» 9 cl Ananassaft
» 4 cl Cream of Coconut
» Crushed Ice, Eiswürfel

Alle flüssigen Zutaten und etwas Crushed Ice in einen Cocktailshaker geben und kräftig durchschütteln. Eiswürfel in ein Glas geben und den Cocktail aufgießen.

Mit verschiedenen Flamingos, Konfetti und wunderschönen Papierrosetten in Mint, Pink und Rosa lässt sich schnell eine exotische Stimmung für Gäste zaubern.

Fast majestätisch thront ein selbst gebastelter Flamingo aus Styroporkugeln, Seidenpapierstreifen, Draht und Cake Pop Stielen auf der Piña Colada Torte.

Romantisch und exotisch anmutende Vintage-Postkarten mit Elvis-, Hula- und Naturmotiven wecken die Sehnsucht nach Waikiki Beach.

Gemüse-Pommes
mit Ananas-Ketchup

FÜR 4 PERSONEN
ALS BEILAGE

Für die Gemüse-Pommes
» 350 g feste, große Kartoffeln
» 350 g große Möhren
» 350 g Süßkartoffeln
» 3 EL Olivenöl
» Salz, Pfeffer

Für das Ananas-Ketchup
(etwa 300 ml)
» 1 rote Zwiebel, in kleine
  Würfel geschnitten
» 1 EL Olivenöl
» 2 Knoblauchzehen, fein
  gehackt
» ½ Chilischote, fein gehackt
» 1 daumengroßes Stück
  frischer Ingwer, geschält und
  fein gerieben
» 2 Nelken
» 1 TL grüne Fenchelsamen
» 1 TL Koriandersamen
» ¼ TL Zimt
» 150 g Dosentomaten
» 150 g frische Ananas, fein
  gewürfelt
» 50 g Tomatenmark
» 75 ml Apfelsaft, ungesüßt
» 50 g Rohrohrzucker
» 2 EL Rotweinessig
» Salz

Backofen auf 200 °C Ober-Unterhitze oder Umluft vorheizen. Kartoffeln, Möhren und Süßkartoffeln schälen und in 1 cm breite Längsstreifen schneiden. Die Pommes in einen großen Topf mit kaltem Wasser legen. Das Wasser zum Kochen bringen und die Pommes eine Minute kochen lassen und durch ein Sieb abgießen. Die Pommes sollten jetzt noch roh und hart sein. Die Gemüsestücke auf ein großes, mit Küchenpapier ausgelegtes Schneidebrett ausbreiten und gut trocken tupfen. Je trockener sie sind, desto knuspriger werden sie. Ein Backblech mit Backpapier auslegen. Die Pommes darauf verteilen und mit Olivenöl vermischen, salzen und pfeffern. Die Pommes sollten möglichst nur einlagig auf dem Backblech liegen. Im Backofen für insgesamt 20 Minuten backen. Nach 10 Minuten Backzeit die Pommes wenden, damit sie gleichmäßig braun und knusprig werden. Anschließend die Backofentemperatur auf 220 °C erhöhen und die Pommes weitere 10 Minuten backen. Die tatsächliche Backzeit kann in diesem Fall je nach Backofen variieren.

Für das Ananas-Ketchup Zwiebelwürfel etwa 5 Minuten in Olivenöl bei kleiner Hitze andünsten. Nelken, Fenchelsamen und Koriandersamen in einem Mörser fein zerstoßen.

Knoblauchzehen, Chilischote, Ingwer und die Gewürze in den Topf geben und ein paar Minuten dünsten. Dosentomaten, Ananasstücke, Tomatenmark, Apfelsaft, Rohrohrzucker und Rotweinessig dazugeben und das Ketchup im geschlossenen Topf 20 Minuten bei geringer Hitze kochen.

Ketchup fein pürieren und mit Salz abschmecken. Je nach persönlichem Geschmack ein wenig mehr Rohrohrzucker oder Rotweinessig hinzugeben. Ketchup in sterilisierte Flaschen abfüllen.

Exotic-Veggie-Burger
mit Mangochutney

FÜR 8 KLEINE BURGER
(Ø 7 CM)

Für die Burgerbrötchen
» 125 ml lauwarme Milch
» 25 g Rohrohrzucker
» ½ Würfel frische Hefe
» 250 g Dinkelmehl, Type 630
   oder Weizenmehl, Type 550
» ½ TL Salz
» 1 Ei
» 25 g Butter, zimmerwarm

Zum Bestreichen bzw. Bestreuen
» 1 Eigelb
» 1 EL Milch
» 1 EL Wasser
» 1 TL schwarzer Sesam

Für 8 Rote-Bete-Bratlinge
(Ø 7 cm)
» 200 g Rote Bete
» 100 g Möhren
» 200 g Zucchini
» 1 rote Zwiebel
» 1 Handvoll Basilikum
» ½ TL Kumin
» ½ TL grüne Fenchelsamen
» 1 TL getrockneten Oregano
» getrocknete Chiliflocken
» Salz, Pfeffer
» 1 Ei
» 4 EL Kichererbsenmehl
» 2 EL Dinkelmehl, Type 630
» Pflanzenfett zum Braten

Für die Burgerbrötchen Milch lauwarm erhitzen und mit Rohrohrzucker und Hefe verquirlen. Die Mischung 5 Minuten stehen lassen. In einer Schüssel die Milchmischung, Mehl, Salz, Ei und Butter mit den Knethaken des Handmixers ein paar Minuten zu einem seidig-glänzenden, geschmeidigen Teig verarbeiten. Mit einem sauberen Küchenhandtuch abdecken und eine Stunde lang an einem warmen Ort gehen lassen.

Dann den Teig kurz mit bemehlten Händen durchkneten und in 8 gleich große Stücke teilen. Die Teigstücke mit den Handinnenflächen zu gleichmäßig runden Kugeln (Ø ca. 7 cm) formen und dann auf ein mit Backpapier ausgelegtes Backblech legen. Eigelb, Milch und Wasser verquirlen, die Brötchen damit bestreichen und mit schwarzem Sesam bestreuen. Die Brötchen noch einmal 20 Minuten gehen lassen. Backofen auf 200 °C Ober-Unterhitze vorheizen und die Brötchen in der mittleren Backofenschiene 10–12 Minuten goldgelb backen.

Für die Bratlinge Rote Bete (vorher Küchenhandschuhe anziehen oder die Hände mit etwas Öl einfetten, damit sich die Hände nicht rot verfärben) und Möhren schälen, Zucchini waschen und Enden abschneiden. Die drei Gemüsesorten fein reiben und das entstandene Wasser gut ausdrücken. Zwiebel schälen und grob raspeln. Basilikumblätter fein hacken, Kumin und Fenchelsamen in einem Mörser zerstoßen. Gemüse, Gewürze, Kräuter, 1 TL Salz, etwas Pfeffer, eine Prise Chili, Ei und beide Mehlsorten in eine Schüssel geben und zu einer glatten Bratlingsmasse vermischen. Abschmecken und 5 Minuten ziehen lassen. Etwas Pflanzenöl in einer Pfanne erhitzen. Aus der Masse 8 gleich große Bratlinge (Ø 7 cm) formen. Die Bratlinge bei mittlerer Hitze von jeder Seite 4–5 Minuten braten und auf Küchenpapier abtropfen lassen.

Fortsetzung auf der nächsten Seite »»»

>>> *Fortsetzung von Seite 73*

Für das Mangochutney

» 1 große Mango (500–550 g Bruttogewicht)

» je ½ TL Koriander- und Kuminsamen

» ¼ TL Nelken

» ¼ TL Zimt

» ½ TL Kurkuma

» 1 rote Chilischote

» 20 g frischer Ingwer

» 1 EL Ghee oder Butter

» 50 ml Apfelsaft, ungesüßt

» 50 g Rohrohrzucker

» 2 EL Apfelessig

» eine Prise Salz

Für die Fertigstellung der Burger – nach Belieben:

» Salat (z. B. Rucola), Tomaten- und rote Zwiebelscheiben

Mango schälen, Fruchtfleisch vom Kern lösen und grob würfeln. Koriander-, Kuminsamen und Nelken in einem Mörser zu Pulver zerkleinern. Chilischote waschen und längs halbieren. Strunk, Kerne als auch weiße Fasern entfernen und fein hacken. Ingwer schälen und fein reiben. Ghee oder Butter in einem Topf erhitzen und Chilistücke, Ingwer und die Gewürze 2 Minuten andünsten. Mangostücke, Apfelsaft, Rohrohrzucker und Apfelessig hinzugeben. Bei kleiner Hitze so lange kochen, bis das Chutney marmeladenartig eindickt. Mit Salz abschmecken und in ein sterilisiertes Marmeladenglas abfüllen.

Für das Zusammensetzen der Burger die Brötchen – am besten noch lauwarm – halbieren. Die untere Hälfte nach Belieben mit Salat, einem Rote Bete Bratling, Tomatenscheiben, roten Zwiebelringen und ein bis zwei Teelöffeln Mangochutney belegen. Die obere Brötchenhälfte daraufsetzen und warm servieren.

Melonen-Popsicles
mit Kiwi und Zitrone

FÜR 4 POPSICLES

» 300 g Wassermelone

» 3 TL Rohrohrzucker

» 30 ml Zitronensaft

» 1 Kiwi

» 30 ml Wasser

Popsicleform (1 Mulde mit 75 ml Fassungvermögen), 4 Holzeisstäbchen

Für die Meloneneisschicht das Melonenfruchtfleisch mit einem Teelöffel Rohrohrzucker pürieren und auf 4 Popsicle-Formen verteilen. Die Deckel daraufsetzen, Holzeisstäbchen in den vorgesehenen Schlitz im Deckel stecken und für 4 Stunden einfrieren.

Für die Zitroneneisschicht 10 ml Wasser, Zitronensaft und 1 Teelöffel Rohrohrzucker verrrühren, bis sich der Zucker aufgelöst hat und auf die Formen verteilen. Für 1–2 Stunden einfrieren.

Für die Kiwieisschicht Kiwi mit 20 ml Wasser und 1 Teelöffel Rohrohrzucker pürieren. Auf die Formen aufteilen und 3–4 Stunden einfrieren. Zum Herauslösen die Formen in heißes Wasser tauchen.

Piña Colada Torte

mit weißem Rum

**FÜR EINE TORTE MIT
3 SCHICHTEN (Ø 13 CM)**

Für den Teig

» 3 Eier
» 65 g Rohrohrzucker
» 50 g Butter, zimmerwarm
» 50 ml Kokosnussmilch
» 1 EL weißer Rum
» 150 g Dinkelmehl, Type 630
» 30 g Kokosflocken
» 2 TL Weinsteinbackpulver
» 1 Prise Salz
» etwas Butter und Mehl
  für die Backformen

Drei Springformen mit Ø 13 cm

Für die Ananas

» 200 g frische Ananas,
  gewürfelt
» 50 ml Wasser
» ½ EL Rohrohrzucker
» 1 EL Zitronensaft

Für die Füllung

» 200 g Magerquark
» 50 g Rohrohrzucker
» 50 g Kokosnussmilch
» 200 g eingekochte Ananas
  (s. o.)
» 1 EL weißer Rum
» 3 Blatt Bio-Gelatine
» Saft einer halben Limette
» 50 ml Sahne

Für das Frosting

» 250 ml Sahne
» 2 EL Kokosnussmilch
» 2 EL Bio-Puderzucker
» optional: rosa (Bio-)
  Speisefarbe

Backofen auf 175 °C Ober-Unterhitze vorheizen. Eier und Rohrohrzucker in einer großen Schüssel mit den Quirlen des Handmixers hellschaumig schlagen. Butter, Kokosnussmilch und Rum unterrühren. Mehl sieben und mit Kokosflocken, Weinsteinbackpulver und Salz mischen. Die Mischung nach und nach zu der Eier-Masse geben und zu einem glatten Teig verrühren. Den Teig auf drei gleiche Portionen aufteilen. Die drei Springformen gut einfetten, mit etwas Mehl bestäuben und mit Teig befüllen. Die Böden in der mittleren Backofenschiene für etwa 18–21 Minuten backen. Mit einem Holzstäbchen testen, ob sie fertig sind. Die Böden aus der Form nehmen und auf einem Kuchengitter auskühlen lassen.

Für die Füllung ein Sieb mit einem Küchentuch auslegen und den Magerquark hineingeben. Küchentuch darüber schlagen, mit einem kleinen Teller abdecken, beschweren und für eine Stunde in den Kühlschrank stellen. Auf diese Art verliert der Quark Wasser und wird fester. Ananasstücke mit 50 ml Wasser, ½ Esslöffel Rohrohrzucker und Zitronensaft in einem Topf erhitzen und 5–10 Minuten einkochen. Abkühlen lassen und grob pürieren, sodass noch ein paar Stücke vorhanden sind. Gelatine in kaltem Wasser einweichen.

Magerquark mit Rohrohrzucker und Kokosnussmilch cremig aufschlagen. Pürierte Ananas und Rum unter die Quarkcreme mischen. Gelatine gut ausdrücken und in einem Topf mit dem Limettensaft sanft erhitzen. Die nun flüssige Gelatine löffelweise in die Quarkcreme geben. Sahne separat steif schlagen, unter die Creme heben und für eine Stunde in den Kühlschrank stellen. Für das Frosting Sahne steif schlagen, Kokosnussmilch und Puderzucker untermischen. Sahne ggf. rosa einfärben und für eine halbe Stunde in den Kühlschrank stellen.

Zum Zusammensetzen den ersten Tortenboden auf eine Tortenplatte legen und die Hälfte der Füllung darauf verteilen. Den nächsten Boden daraufsetzen und so fortfahren, bis alle Böden zusammengesetzt sind. Den letzten Boden mit der Unterseite nach oben auf die Torte setzen. Die gesamte Torte mit einer dünnen Schicht Sahnefrosting überziehen und für eine halbe Stunde in den Kühlschrank stellen. Dann die Torte mit einer dickeren Schicht Sahnefrosting überziehen. Das restliche Frosting in einen Spritzbeutel mit offener Sterntülle füllen und die Torte mit Rosetten verzieren.

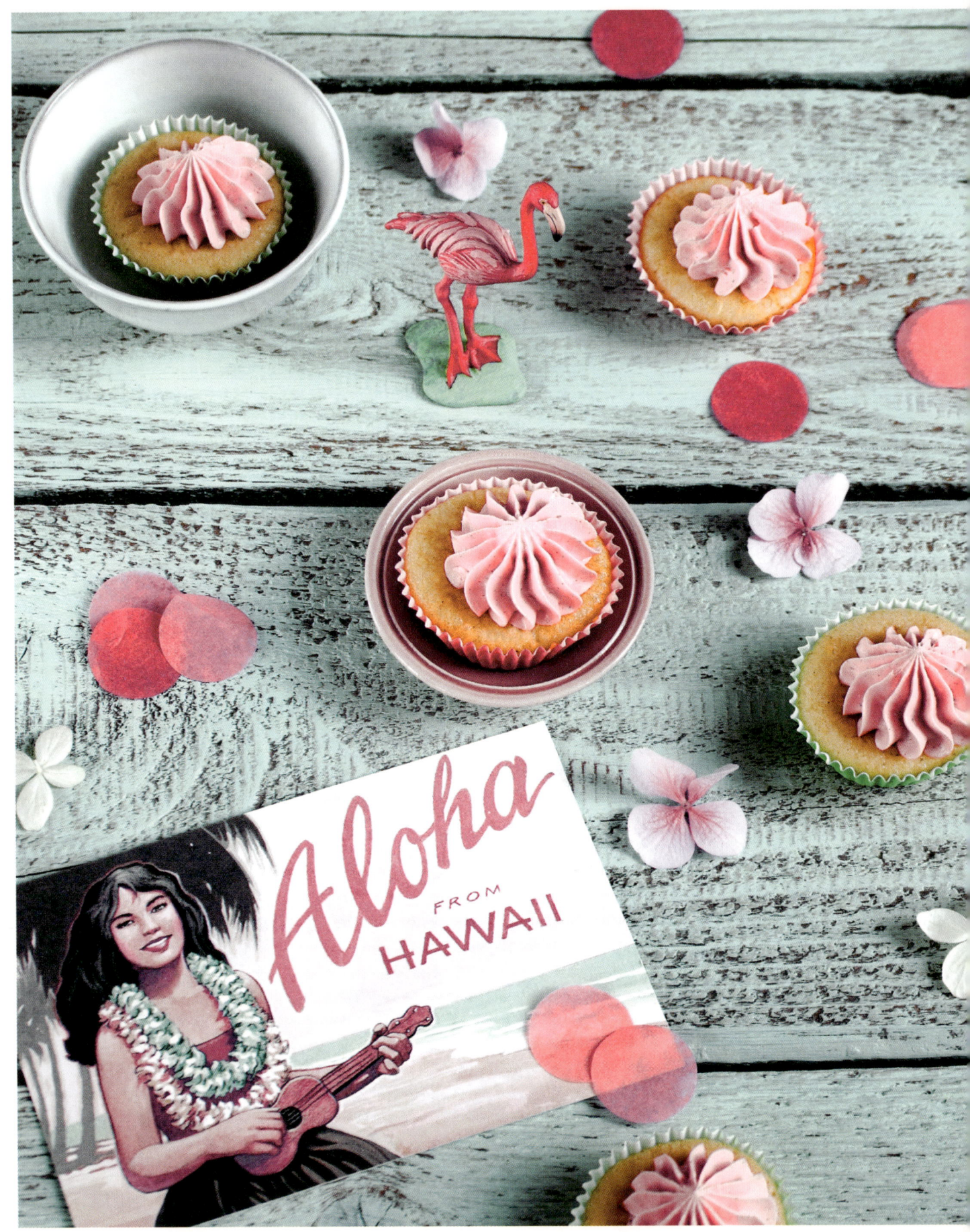

Kokos-Limetten-Cupcakes
mit Ananas-Frosting

FÜR ETWA 12 CUPCAKES

Für den Teig

» 3 Eier
» 75 g Rohrohrzucker
» 75 g Butter, zimmerwarm
» 75 ml Kokosnussmilch
» ½ TL Vanille, gemahlen
» Saft und Schalenabrieb
  einer halben Bio-Limette
» 120 g Dinkelmehl, Type 630
» 30 g Kokosflocken
» 1 TL Weinsteinbackpulver
» 1 Prise Salz

eine 12er Muffinform (Ø 5 cm),
Papierförmchen

Für das Ananas-Frosting

» 400 ml Bio-Ananassaft,
  ungesüßt
» 45 g Vanillepuddingpulver
» 300 g Butter, zimmerwarm
» 2 EL Bio-Puderzucker
» optional: rosa (Bio-)
  Speisefarbe

Spritzbeutel, offene Sterntülle

Backofen auf 175 °C Ober-Unterhitze vorheizen. Eier und Rohrohrzucker in einer großen Schüssel mit den Quirlen des Handmixers hellschaumig schlagen. Butter, Kokosnussmilch, Vanille, Limettensaft und -schale unterrühren. Mehl sieben und mit Kokosflocken, Weinsteinbackpulver und Salz mischen. Die Mischung nach und nach zu der Eier-Masse geben und zu einem glatten Teig verrühren.

Eine Muffinform mit Papierförmchen auslegen und den Teig maximal ⅔ hoch einfüllen. Die Cupcakes in der mittleren Backofenschiene für etwa 18–21 Minuten backen. Mit einem Holzstäbchen in die Cupcakes stechen und testen, ob sie fertig sind. Die Cupcakes aus der Form nehmen und auf einem Kuchengitter auskühlen lassen.

Für das Frosting 50 ml Ananassaft mit Vanillepuddingpulver verquirlen. Den restlichen Ananassaft zum Kochen bringen. Unter Rühren das Puddingpulver hinzugeben und kurz aufkochen. Pudding umfüllen, die Oberfläche direkt mit Folie abdecken – damit sich keine Haut bildet – und auf Zimmertemperatur abkühlen lassen. Der Pudding und die Butter müssen dieselbe Temperatur besitzen, sonst gerinnt die Buttercreme oder die Butter schmilzt.

Anschließend den Pudding durch ein Sieb streichen. Butter mit dem Puderzucker mehrere Minuten cremig aufschlagen, bis sie fast weiß ist. Die Butter nach Wunsch rosa einfärben. Nun unter Rühren esslöffelweise den Ananaspudding zur Butter geben. Auf hoher Stufe gut durchmixen, bis eine fluffige Pudding-Buttercreme entstanden ist. Das Ananas-Frosting eine halbe bis eine Stunde in den Kühlschrank stellen. Dann in einen Spritzbeutel mit offener Sterntülle füllen und die Cupcakes mit Rosetten dekorieren.

Vintage-Picknick im Grünen

Keiner zelebriert Picknicks so stilvoll wie die Briten. Besonders populär wurde das Picknick in England im viktorianischen Zeitalter, da bereits Queen Victoria gerne unter freiem Himmel speiste. Dies inspirierte die Briten zur Erfindung des Picknickkorbs und der Thermoskanne. In der warmen Jahreszeit gibt es für mich nichts Schöneres als ein Picknick – ganz auf die feine, englische Art – mit charmanten Vintage-Accessoires im Grünen zu genießen: Sich auf einer Wiese oder im eigenen Garten auf eine gemütliche Decke legen, etwas Süßes naschen, zwischen den Zweigen in den blauen Himmel schauen, Vögeln und Klängen aus dem Vintage-Radio lauschen und einfach mit Freunden zusammen die Seele baumeln lassen …

Antipasti-Schnitte Deluxe

mit Pesto, Büffelmozzarella und getrockneten Tomaten

Pesto muss man einfach selbst herstellen! Die schnellste Pastasauce der Welt lässt sich zum Glück einfach mit wenigen Handgriffen in einem Mörser zubereiten und vielseitig einsetzen. Wie hier als Belag für ein rustikales Sandwich im mediterranen Stil. Einer Legende nach gilt John Montagu, 4. Earl of Sandwich, als Erfinder des Sandwiches. Denn im Jahr 1762 verlangte er, um ein sehr langes Kartenspiel nicht zu unterbrechen, danach, sein Essen zwischen zwei Brotscheiben zu servieren. Zum Picknick werden die Brote zur Hälfte in Pergamentpapier gehüllt – so fällt beim ersten Bissen garantiert nichts auf das feine Vintagekleid!

FÜR 4 SCHNITTEN

Für das Pesto alla genovese
» 3 EL Pinienkerne
» ½ Knoblauchzehe
» Salz
» die Blätter von einem großen Bund Basilikum
» 2–3 EL geriebenen Parmesan
» Olivenöl

ein Mörser – am besten aus Stein

Für die Brote
» 2 Büffelmozzarella-Kugeln
» 1 kleines Bund Rucola
» 8 getrocknete und in Öl eingelegte Tomaten
» 4 dicke Scheiben Sauerteigbrot nach Bauern Art
» 4 EL Pesto alla genovese (s. o.)

Wenn Pesto in einem elektrischen Mixer zubereitet wird, erhitzt sich der Basilikum und schmeckt leicht bitter. Daher bevorzuge ich in diesem Fall „die gute alte Handarbeit".

Für das Pesto die Pinienkerne in einem Mörser fein zerstoßen, dabei dürfen auch ein paar grobe Stückchen bleiben, und in eine Schüssel umfüllen. Halbe Knoblauchzehe mit einer Prise Salz im Mörser zerstoßen und portionsweise die Basilikumblätter hinzugeben. Mit dem Stößel zu einer grünen Paste verarbeiten und ebenfalls in die Schüssel umfüllen. Den geriebenen Parmesan untermischen und so viel Olivenöl hinzugeben, bis das Pesto gebunden ist. Es sollte geschmeidig sein und locker von einem Löffel fallen. Das Pesto abschmecken und ggf. nachwürzen.

Für die Antipasti-Schnitte Deluxe den Büffelmozzarella aus der Packung nehmen und die Flüssigkeit abgießen. Die Käsekugeln mit Küchenpapier abtupfen und in Scheiben schneiden. Rucola verlesen, waschen und trocken schleudern. Tomaten aus dem Glas nehmen und mit Küchenpapier überschüssiges Öl abtupfen. Jeweils eine Brotscheibe mit 1 EL Pesto bestreichen und jede Scheibe mit einem halben Büffelmozzarella sowie 2 Tomatenscheiben sowie etwas Rucola belegen. Mit einem Messer halbieren, zusammenklappen und in Pergamentpapier verpacken.

Feuriges Ingwerbier
mit Zitrone & Minze – alkoholfrei

Absolutely British! Denn kein britisches Picknick darf ohne dieses legendäre Ingwerbier stattfinden! Usprünglich wurde Ingwerbier in Großbritannien zu Beginn des 18. Jahrhunderts als alkoholisches Getränk gebraut. Im 19. Jahrhundert sank der Alkoholgehalt auf unter 2 Prozent. Es war üblich, dass in vielen Haushalten eigenes Ingwerbier gebraut wurde. Heutzutage enthält Ingwerbier keinen Alkohol mehr und lässt sich ganz schnell und einfach selbst herstellen. Im Sommer ist Ingwerbier eine perfekte, gesunde Erfrischung und sollte in der Tat bei keinem Picknick fehlen!

FÜR 4 GLÄSER

» 170 g frischer Ingwer,
  mit Schale, gewaschen
» Saft und Schalenabrieb von
  4 Bio-Zitronen
» 75 g Vollrohrzucker
» 1–1,5 l eisgekühltes
  Mineralwasser
» 4 Zweige grüne Minze

Ingwer und Zitronenschale sehr fein reiben. Mit Zitronensaft und Vollrohrzucker vermengen und verrühren, bis sich der Zucker aufgelöst hat. Das Limonadenkonzentrat 5–10 Minuten ziehen lassen. Anschließend durch ein Sieb passieren und die Flüssigkeit auffangen. Das Limonadenkonzentrat abschmecken, ggf. nachsüßen und in vier Schraubgläser füllen. Ab in den Picknickkorb – vor Ort grüne Minze hinzugeben und mit eisgekühltem Mineralwasser auffüllen. Das Mineralwasser bleibt mit ein paar Eiswürfeln in einer Thermoskanne schön lange kühl.

Für einen Extra-Kick lässt sich das Ingwerbier mit einem Schuss dunklen Rum variieren.

Kartoffelsalat

mit Radieschen, Meerrettich und Baby-Blattspinat

FÜR 2 GROSSE ODER
4 KLEINE PORTIONEN

» 600 g kleine, neue Kartoffeln
  (festkochend, mit dünner
  Schale)
» Saft und Schalenabrieb von
  einer Bio-Zitrone
» 1 TL Salz
» Pfeffer, frisch gemahlen
» getrocknete Chiliflocken
» 30 g frischer Meerrettich
» 6 EL Olivenöl
» 1 Halloumi (halbfester
  Grillkäse)
» 1 Bund Radieschen
» 200 g Baby-Blattspinat

Kartoffeln gründlich mit einer Bürste schrubben, in einen Topf geben und mit Wasser bedecken. Zugedeckt aufkochen und 15–20 Minuten garen lassen.

Die Zitronenschale fein abreiben und den Saft auspressen. Schale und Saft in einer Schüssel mit 1 TL Salz, Pfeffer und einer Prise Chiliflocken vermischen. Meerrettich schälen, fein reiben und hinzufügen. Olivenöl dazugeben und alles zu einem Dressing verrühren. Die Kartoffeln abgießen, ausdämpfen lassen, längs halbieren und mit dem Dressing übergießen. Alles gut miteinander vermischen und 30 Minuten marinieren.

Halloumi in etwa 8–10 mm dicke Scheiben schneiden, in einer Grillpfanne in etwas Olivenöl anbraten und anschließend abkühlen lassen. Radieschen entstrunken, putzen und in feine Scheiben hobeln oder schneiden. Spinatblätter verlesen, waschen und trocken schleudern. Radieschen unter die Kartoffeln mischen, abschmecken und ggf. nachwürzen. Vor dem Servieren den Spinat und die Halloumischeiben vorsichtig unter den Salat mischen und anrichten.

Ausrangierte Obst- oder Weinkisten und alte Körbe sind praktisch, um Picknick-Proviant und Accessoires zu transportieren. Vor Ort lassen sie sich im Handumdrehen zu kleinen Tischen umfunktionieren.

Stilvoll bis ins Detail: Sommerblumen wie Rosen, Dahlien, Rittersporn und blühende Kräuter, zart gepunktete Lampions, Emaille-Geschirr sowie ein Vintage-Radio sorgen für einen zauberhaften Charme vergangener Zeiten.

Zwetschgen-Schnecken
mit Zimt & Kardamom

ZUTATEN FÜR 12 SCHNECKEN

Für den Teig
» 250 ml Milch
» 40 g Rohrohrzucker
» 25 g Hefe
» 1 ½ TL grüne Kardamom-
  kapseln
» 450 g Dinkelmehl, Type 630
» 75 g Butter, zimmerwarm
» ½ TL Zimt
» 1 Prise Salz
» etwas Butter, Mehl und
  Semmelbrösel für die Form

eine 12er Muffinform (Ø 5 cm)

Für die Füllung
» 400 g Zwetschgen
» 75 g Rohrohrzucker
» 1 TL Zimt
» 30 g Butter, zimmerwarm

Für den Glasur
» 80 g Bio-Puderzucker
» 2 EL Kirschsaft, ungesüßt

Für den Hefeteig Milch lauwarm erhitzen und mit Rohrohr-zucker sowie Hefe verquirlen. Die Mischung 5 Minuten stehen lassen. Kardamomkapseln in einem Mörser aufstoßen, grüne Schale entfernen und die Samenkörner fein zermahlen. In einer Schüssel Milchmischung, Kardamom, Mehl, Butter, Zimt und Salz mit den Knethaken des Handmixers ein paar Minuten zu einem seidig-glänzenden, geschmeidigen Teig verarbeiten. Mit einem sauberen Küchenhandtuch abdecken und an einem warmen Ort 30–60 Minuten gehen lassen.

Zwetschgen waschen, längs halbieren und die Kerne entfernen. Die Zwetschgenhälften in kleine Stücke schneiden und mit 75 g Rohrohrzucker sowie 1 TL Zimt vermischen.

Nun den Hefeteig mit bemehlten Händen ordentlich durch-kneten. Falls der Teig beim Durchkneten zu klebrig sein sollte, einfach mit etwas Mehl bestäuben. Zu einem Rechteck (ca. 25 x 48 cm) ausrollen. Das Rechteck mit 30 g Butter bestreichen und die Zwetschgen darauf verteilen. Den Teig von der langen Seite her eng aufrollen und in 12 Scheiben mit ca. 4 cm Dicke schneiden. Die Mulden der Muffinform mit Butter einfetten, mit Mehl bestäuben und ein paar Semmelbrösel auf die Böden streuen. Dies verhindert, dass die Schnecken nach dem Backen in der Form kleben bleiben. Die Zwetschgen-Schnecken in der Form noch einmal 30 Minuten gehen lassen. Backofen auf 180 °C Ober-Unterhitze vorheizen und dann die Schnecken 18–20 Minuten in der mittleren Backofenschiene goldgelb backen.

Nach dem Backen die Zwetschgen-Schnecken 5–10 Minuten in der Form abkühlen lassen, danach vollständig auf einem Kuchengitter auskühlen lassen. Puderzucker fein sieben und mit dem Kirschsaft zu einer dickflüssigen Glasur glatt rühren. Mit der Glasur die Hefeschnecken streifenförmig überziehen.

Kirsch-Cupcakes

mit Mandeln

FÜR ETWA 12 CUPCAKES

Für den Teig

» 3 Eier
» 75 g Vollrohrzucker
» 75 g Butter, zimmerwarm
» 75 ml Milch
» ½ TL Vanille, gemahlen
» 2 Tropfen Bittermandelöl
» 75 g Dinkelmehl, Type 630
» 75 g gemahlene Mandeln
» 1 ½ TL Weinsteinbackpulver
» 1 Prise Salz
» 100 g Sauerkirschen –
   frisch, oder TK-Sauer-
   kirschen, ungesüßt
» ½ EL Butter
» 2 EL gehobelte Mandeln
» etwas Butter und Mehl
   für die Backform

eine 12er Muffinform (Ø 5 cm)

Für die Dekoration

» 100 g Mascarpone
» 12 Kirschen
» 12 ganze Mandeln

Backofen auf 175 °C Ober-Unterhitze vorheizen. Eier und Vollrohrzucker in einer großen Schüssel mit den Quirlen des Handmixers hellschaumig schlagen. Butter, Milch, Vanille und Bittermandelöl unterrühren. Mehl sieben und mit gemahlenen Mandeln, Weinsteinbackpulver und Salz mischen. Die Mischung nach und nach zu der Eier-Masse geben und zu einem glatten Teig verrühren. Frische Sauerkirschen waschen, entsteinen und mit etwas Mehl vermischen bzw. TK-Sauerkirschen sehr gut abtropfen und ebenfalls mit etwas Mehl vermischen. Einen halben Eßlöffel Butter in einem Topf bei geringer Hitze schmelzen und darin die gehobelten Mandeln kurz anbräunen.

Eine Muffinform mit etwas Butter einfetten und mit Mehl ausstäuben. Den Teig maximal ⅔ hoch einfüllen. Die Cupcakes in der mittleren Backofenschiene 5 Minuten backen. Nun das Muffinblech wieder aus dem Backofen holen und die Kirschen auf die Formen verteilen und mit den gehobelten Mandeln bestreuen. Dies verhindert, dass die Kirschen und Mandeln beim Backen sofort auf den Boden sinken. Die Cupcakes für etwa 14–16 Minuten fertig backen. Mit einem Holzstäbchen in die Cupcakes stechen und testen, ob sie fertig sind. Die Cupcakes aus der Form nehmen und auf einem Kuchengitter auskühlen lassen.

Für die Dekoration den Mascarpone glatt rühren und auf jeden Cupcake einen Klecks Mascarpone geben. Mit einer Kirsche und einer ganzen Mandel dekorieren.

Swing Cats Ball

„Come on, get set for the party, tomorrow night at the swing cats' hall, come on, let them send your body at the swing cats' ball …" Wenn ich diesen Swing-Klassiker „At the Swing Cats Ball" von Louis Jordan aus dem Jahr 1937 höre, spielt sich in meiner Fantasie die folgende Szenerie ab: Heiße „Swing-katzen" legen mit ihren männlichen Begleitern eine wilde, flotte Sohle auf das Parkett. Die Röcke der zauberhaften Vintagekleider mit Polka-Dot-Mustern wirbeln durch die Luft und das Swing-Orchester gibt mit schweißtreibenden Rhythmen sein Bestes. Als Erfrischung schlürfen die „Swing Cats" eisgekühlte Erdbeer-Milchshakes mit Strohhalmen an der hippen Retro-Bar. Zur Stärkung gibt es ein Stück vom saftigen Kirsch-Gugelhupf, eine Schnitte von der fruch-tig-zarten Himbeer-Biskuitrolle und coole, fast schwarze Brombeer-Cupcakes. Ein Kapitel für alle Naschkatzen – all the cats join in …

Kirsch-Gugelhupf

mit Schokolade

FÜR EINEN KLEINEN
GUGELHUPF (Ø 16 CM)

Für den Teig

» 2 Eier
» 75 g Rohrohrzucker
» 80 g Butter, zimmerwarm
» 75 ml Milch
» ½ TL Vanille, gemahlen
» 165 g Dinkelmehl, Type 630
» 2 TL Weinsteinbackpulver
» 1 Prise Salz
» 50 g Sauerkirschen, ungesüßt
  (eingelegt oder TK-Sauerkirschen)
» 30 g dunkle Bio-Schokolade
  (60–70% Kakaoanteil),
  gehackt
» etwas Butter und Mehl
  für die Backform

Gugelhupfform (Ø 16 cm)

Für die Glasur

» 100 g Bio-Puderzucker
» 2 EL Kirschsaft, ungesüßt

Für die Dekoration

» frische Kirschen

Backofen auf 175 °C Ober-Unterhitze vorheizen. Eier und Rohrohrzucker in einer großen Schüssel mit den Quirlen des Handmixers hellschaumig schlagen. Butter, Milch und Vanille unterrühren. Mehl sieben, mit Weinsteinbackpulver und Salz mischen. Die Mischung nach und nach zu der Eier-Masse geben und zu einem glatten Teig verrühren. Gehackte Schokolade in den Teig mischen. Die gut abgetropften Sauer-kirschen mit etwas Mehl vermischen und unter den Teig heben.

Die Gugelhupf-Form mit Butter einfetten und mit etwas Mehl bestäuben. Den Teig einfüllen und den Gugelhupf in der mittleren Backofenschiene für etwa 35–40 Minuten backen. Mit einem Holzstäbchen in den Gugelhupf stechen und testen, ob er fertig ist. Den Gugelhupf aus dem Ofen holen und richtig auskühlen lassen. Denn wenn der Gugelhupf zu früh gestürzt wird, kann er zerbrechen.

Puderzucker sieben und mit dem Kirschsaft zu einer dicken Glasur anrühren. Damit die Oberfläche des Gugelhupfs über-ziehen und in den Rillen etwas herunterlaufen lassen. Mit ein paar frischen Kirschen dekorieren.

Eine reizvolle Mischung aus Alt und Neu trifft das Thema auf den Punkt. Auf Flohmärkten finden sich viele Accessoires mit Vintagecharme: ein zauberhafter Katzen-Salzstreuer, Swing-Schallplatten und schlichtes Goldrandgeschirr. Mit einem runden Radiergummi und Porzellanfarbe wurde das Geschirr mit einem Polka-Dot-Muster bestempelt.

Wabenbälle und selbstgenähte Punkt-Servietten in Pink mit schwarzer Bommelborte sorgen für einen coolen Look. Ein niedlicher Kaugummiautomat im Miniaturformat, Süßigkeiten und die „Swing Cat Cookies" lassen die Herzen von allen Naschkatzen schnell höher schlagen.

Rezept für die
„Swing Cat Cookies" auf S. 37

Brombeer-Cupcakes

mit Beeren-Mascarpone-Frosting

Für 12 Cupcakes

Für den Teig

» 50 g Brombeeren
» 50 g Blaubeeren
» 2 Eier
» 75 g Rohrohrzucker
» 75 g Butter, zimmerwarm
» 70 ml Buttermilch
» Schale von einer halben
  Bio-Zitrone, fein gerieben
» 1 TL Vanille, gemahlen
» 190 g Dinkelmehl, Type 630
» 1 ½ TL Weinsteinbackpulver
» 1 Prise Salz

*eine 12er Muffinform (Ø 5 cm),
Papierförmchen*

Für das Frosting

» 150 g Mascarpone,
  zimmerwarm
» 1 EL Bio-Puderzucker,
  gesiebt
» ½ TL Vanille, gemahlen
» 150 g Vollrahm-Frischkäse,
  zimmerwarm
» 2 TL Zitronensaft
» 1 EL Brombeermarmelade,
  püriert und durchgesiebt

Spritzbeutel, offene Sterntülle

Für die Dekoration

» 12 Brombeeren

Backofen auf 175 °C Ober-Unterhitze vorheizen. Brombeeren und Blaubeeren waschen, verlesen, pürieren und beiseitestellen. Eier und Rohrohrzucker in einer großen Schüssel mit den Quirlen des Handmixers hellschaumig schlagen. Butter, Buttermilch, Zitronenschale und Vanille unterrühren. Mehl sieben und mit Weinsteinbackpulver und Salz mischen. Die Mischung und die pürierten Beeren nach und nach zu der Eier-Masse geben und zu einem glatten Teig verrühren.

Eine Muffinform mit Papierförmchen auslegen und den Teig maximal ⅔ hoch einfüllen. Die Cupcakes in der mittleren Backofenschiene für etwa 18–21 Minuten backen. Mit einem Holzstäbchen testen, ob sie fertig sind. Die Cupcakes aus der Form nehmen und auf einem Kuchengitter auskühlen lassen.

Für das Frosting Mascarpone, Puderzucker und Vanille mit dem Handmixer auf kleiner Stufe kurz und vorsichtig verrühren. Kalter Mascarpone kann bei zu starkem, langem Schlagen zu Butter ausflocken. Frischkäse, Zitronensaft und Brombeermarmelade untermischen und kurz weiter schlagen. Das Frosting eine Stunde im Kühlschrank ruhen lassen. Frosting in einen Spritzbeutel mit offener Sterntülle geben und auf jeden Cupcake einen Tuff setzen. Mit Brombeeren verzieren.

Erdbeer-Milchshake
mit Buttermilch

- -

Durch die Einschränkung von Alkohol entstanden zu Zeiten der Prohibition neue alkoholfreie Getränke.
Dadurch wurde neben Coca Cola auch der Milkshake erfunden, und zwar von Ivar Coulson aus Chicago, der
auf die Idee kam, Milch, Schokolade, Malz und Speiseeis zu einem Getränk zu mischen. In den USA wurden
Milchshakes besonders durch Milchbars populär. Die erste deutsche Milchbar eröffnete 1937 in Berlin.
Sowie ich an Milchshakes denke, kommen mir stylische „Swing Cats" in den Sinn, die an einer schicken Bar
eines American Diners sitzen und ihren Milchshake schlecken. Hier ist das Rezept für meine Lieblingsvariante.

- -

FÜR 2 GLÄSER

Für den Milchshake
» 250 g (TK-)Erdbeeren
» Mark einer Vanilleschote
» 250 ml Milch
» 100 ml Buttermilch
» 1–2 EL Rohrohrzucker
  oder Honig – je nach
  persönlicher Vorliebe und
  Reifegrad der Erdbeeren
» 1 TL Zitronensaft

Für die Dekoration
» Erdbeeren und Brombeeren
  für die Dekoration
» Schaschlikspieße, Strohhalme

Frische Erdbeeren waschen, verlesen, entstrunken und halbieren. TK-Erdbeeren etwas antauen lassen. Alle Zutaten in ein hohes Mixgefäß geben und sämig fein pürieren. Erdbeeren und Brombeeren abwechselnd auf kleine Spieße stecken. Das Milchshake in Gläser füllen und mit dem Beerenspieß servieren.

Für ganz besondere Naschkatzen kann der Milchshake mit einer Kugel Bio-Vanilleeiscreme pro Glas verfeinert werden.

Polka Dot Biskuitrolle

mit Himbeeren

FÜR 1 GROSSE ODER 2 KLEINE BISKUITROLLEN

Für den Biskuitteig

» 5 Eier
» 5 EL kaltes Wasser
» 100 g Rohrohrzucker
» 1 Päckchen Bio-Vanillezucker
» 150 g Dinkelmehl, Type 630
» 1 Prise Salz
» rosa Bio-Lebensmittelfarbe
» 2 EL Rohrohrzucker
  zum Stürzen des Biskuits

Spritzbeutel, kleine Lochtülle, sauberes Küchenhandtuch, großes Brett oder Blech

Für die Füllung

» 150 g Himbeermarmelade
» 250 g frische Himbeeren
» 1 Päckchen Bio-Vanillezucker
» 1 Päckchen Bio-Sahnestand
» 250 g Schlagsahne

Biskuitrollen lassen sich sehr gut vorbereiten und einfrieren – bei Bedarf einfach wieder auftauen.

Backofen auf 190 °C Ober-Unterhitze vorheizen. Die Eier trennen. In einer Schüssel Eigelb und 5 EL Wasser mit den Quirlen des Handrührers schaumig schlagen. 75 g Rohrohrzucker und Vanillezucker langsam dazugeben und so lange weiterrühren, bis die Masse hell und dickschaumig ist. In einer separaten Schüssel Eiweiß und Salz sehr steif aufschlagen, dann die restlichen 25 g Rohrohrzucker einrieseln lassen und weiterschlagen, bis sich der Zucker vollständig aufgelöst hat. Eischnee auf die Eigelbcreme geben, dann das Mehl darüber sieben und alles vorsichtig mit einem Schneebesen unterheben, dabei nicht zu stark rühren. Zwei gehäufte Esslöffel des Teiges entnehmen und rosa einfärben. Dann den Teig in den Kühlschrank stellen.

Den eingefärbten Teig in einen Spritzbeutel mit kleiner Lochtülle füllen und ein Punktemuster auf ein mit Backpapier ausgelegtes Backblech spritzen. Im Backofen 1 ½ Minuten vorbacken und sofort aus dem Ofen nehmen. Den übrigen Teig auf dem Backblech verstreichen und im Ofen etwa weitere 8–12 Minuten hellgelb backen. Ein Küchenhandtuch mit 2 EL Zucker bestreuen. Die heiße Teigplatte nach dem Backen sofort auf ein großes Blech oder Brett stürzen. Das Backpapier abziehen und den Biskuit mit der Punkte-Muster-Seite nach unten auf das vorbereitete Küchenhandtuch stürzen. Den Biskuit sofort von der langen Seite her mit dem Küchentuch aufrollen und auskühlen lassen.

Himbeermarmelade glatt rühren. Die Himbeeren verlesen, jedoch nicht waschen. Vanillezucker und Sahnestand mischen. Sahne steif schlagen und dabei die Vanillezuckermischung langsam einrieseln lassen. Die Teigplatte sehr vorsichtig wieder abrollen und mit der Marmelade bestreichen. Die Schlagsahne auf der Marmeladenschicht verstreichen und die Himbeeren darauf verteilen. Die Biskuitplatte mit der Füllung vorsichtig und ohne das Küchentuch wieder aufrollen. Je nach Bedarf die große Biskuitrolle in zwei kleine Rollen teilen.

Klein, aber fein

Bei den Größen meiner Backwerke halte ich es gerne wie die Franzosen: klein, aber fein. Backen ist für mich etwas Besonderes zum Verwöhnen. Daher backe ich meine Torten stets nur mit kleinen Backformen mit 13 cm Durchmesser (z. B. „Pushpan", 13 cm von Lakeland). Diese kleinen, feinen Torten reichen je nach Appetit für 6–8 Personen. Die Rezepte funktionieren auch mit größeren Backformen mit 14 oder 15 cm Durchmesser. Dann werden die Torten nur etwas niedriger oder erhalten weniger Schichten.

Torten backen und zusammensetzen

Tortenböden backe ich lieber einzeln, da ein großer, hoher Boden durch eine längere Backzeit schneller austrocknet. Die Teigmenge pro Boden wiege ich vorher ab und erhalte auf diese Art gleichmäßig hohe Böden. Sie können den Boden – falls Sie nur eine Backform besitzen – auch in nur einem Durchgang backen, jedoch verlängert sich dann die Backzeit. Wenn man häufig Torten backt, lohnt sich die Anschaffung von mehreren gleich großen Backformen (z. B. erhältlich bei Lakeland und Mein Cupcake). Die Tortenböden backe ich gerne einen Tag im Voraus und bewahre sie in Frischhaltefolie eingewickelt im Kühlschrank auf. Einige Cremes und Tortenfüllungen lassen sich ebenfalls einen Tag vorher zubereiten. Bevor ich eine Torte zusammensetze, lege ich alle Böden probeweise übereinander und begradige sie ggf. mit einem scharfen Messer. Der oberste Tortenboden wird stets mit der Unterseite nach oben gelegt, so erhält die Torte eine gerade Oberfläche. Sowie die Torte zusammengesetzt ist, bekommt sie eine erste, sehr dünne Schicht Frosting, um Krümel zu binden und Unebenheiten auszugleichen. Dann lasse ich sie 30 Minuten im Kühlschrank ruhen, damit die erste Schicht etwas aushärten kann, bevor die finale Schicht folgt. Mit einer Palette, die während des Verstreichens immer wieder in heißem Wasser gesäubert und mit einem Küchenhandtuch abgetrocknet wird, wird die Tortenoberfläche schön glatt.

Zutaten

Die Qualität der Zutaten liegt mir besonders am Herzen. Für meine Rezepte benutze ich möglichst naturbelassene, regionale und saisonale (Bio-)Zutaten von vertrauten Anbietern oder mit Bioland-, Naturland- und Demeter-Siegel: Butter, Sahne, Milch, Rohrohrzucker oder Vollrohrzucker, Puderzucker aus Rohrohrzucker, Bio-Vanillezucker aus Rohrohrzucker, Maisspeisestärke, Lebensmittelfarbe, Dinkelmehl (Type 630) und Vollkornmehl sowie Eier aus Freilandhaltung bzw. Eier aus spezialisierter Hühnerzucht, die die Aufzucht von Hähnen unterstützt (z. B. Haehnlein). Pfeffer und Gewürze kaufe ich nach Möglichkeit nicht in pulverisierter Form, sondern mahle oder reibe sie nach Bedarf selbst. Bio-Zutaten sind oft aromatischer und besitzen eine bessere Konsistenz. Zudem enthalten Rohrohrzucker und Vollrohrzucker ein paar mehr Vitalstoffe als weißer raffinierter Zucker. Selbstverständlich kann jeder nach seiner eigenen Fasson backen – auch mit herkömmlichen (weißen) Mehl- und Zuckersorten. Die Rezepte werden ebenso gut gelingen.

Eiweissverwertung

Financiers (S. 15) und Macarons (S. 19) sind hervorragende Rezepte zur Eiweißverwertung.

Verwendung von Tonkabohnen

Zu einem geringen Anteil enthalten Tonkabohnen den Inhaltsstoff Cumarin, der in hoher Dosierung gesundheitsschädlich sein kann. Da Tonkabohnen glücklicherweise hocharomatisch sind, reicht meist eine Prise oder eine Messerspitze Tonkabohnenabrieb für das volle Aroma aus. Wer keine Tonkabohne verwenden möchte, kann sie durch Vanille oder Bittermandelöl ersetzen.

Herzlichen Dank

Von Herzen danke ich ganz besonders meinem Mann, Herrn Herzblut, und meiner Mutter für die liebevolle und ausdauernde Unterstützung sowie meiner Familie, die früh den Grundstein für meine Leidenschaften legte. Darüber hinaus danke ich meinen Bloglesern und vielen lieben weiteren Menschen, die mich stets tatkräftig unterstützen und mich auf meinem Weg begleiten.

Frische, neue Ideen gibt es regelmäßig auf dem Blog von Frau Herzblut:

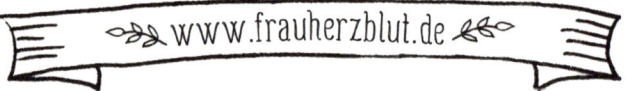

www.frauherzblut.de

Unter dem Label …F – gesprochen 3punktF – stellt die studierte Textildesignerin und Keramikerin Melanie Follmer zauberhafte, handgefertigte Keramik mit ganz besonderem Charme und einem hohen Designanspruch her. Jedes Stück ist einzigartig als auch individuell und wird mit viel Liebe hergestellt.
☞ www.3punktf.de

Cover: graue Tortenplatten und Platte; S. 8, 10, 12, 16, 18, 21, 22, 24, 28–29 und 32: graue Tortenplatten, Etageren, Schalen (mit Fuß), Platten, Teller in verschiedenen Größen; S. 40, 48: türkis-farbene Tortenplatte; S. 68, 70, 72, 75, 76 und 78: mintfarbene Tortenplatte, rosa Teller, weiße Schale mit Fuß, Schälchen in Weiß und Rosa

„Nostalgie im Kinderzimmer" steht nicht nur für die nostalgische Note im Kinderzimmer, sondern hat drumherum noch so einiges zu bieten. Von außergewöhnlichen Lieblingen für Hobby-Innenarchitekten, einer großen Auswahl für Tisch und Küche über Fundstücke für den ein oder anderen Naturliebhaber, bis hin zu Taschen und Accessoires für die Fashion-Victims von Morgen.
☞ www.nostalgieimkinderzimmer.de

S. 80: Kissenhüllen, rosa-gepunktete Emaille-Kanne, Serviette; S.82: grauer Teller; S. 86: rosa Emaille-Auflaufform, Küchentuch; S. 88: rosa-gepunktete Emaille-Kanne, S. 89: Serviette, rosa Teller

Tretet ein bei Partyerie und findet die schönsten Party- und Dekorationsartikel für den nächsten Geburtstag, die Hochzeit oder jedes andere Fest, das es zu feiern gibt. Im Shop gibt es hübsche Girlanden, Wabenbälle, alles für trendige Sweet Tables und vieles mehr, all das in aufregenden Farben und Designs. Let's have a Party!

☞ www.shoppartyerie.de

S.24, 26: mintfarbene Milchglastortenplatte; S. 68–69: Palmen-Cocktailpicks, Rosetten; S. 70: Pommestüten (eigentlich braunes Kraftpapier); S. 84: Ball Maison Gläser

Hier sind Fantasie, Tagträume und Märchenvorstellungen erlaubt und erwünscht. Eine Welt voller Glamour, Glanz, Romantik und Überraschungen, die jeden grauen Tag mit Freude füllen – ein Schlaraffenland voller Augenzwinkern und Augenklimpern! Schreiben Sie Ihr eigenes Märchen – mit Miss Étoile!

☞ www.missetoile.de

S. 56: Vogelpicks in Silber; S. 61: ovale Kuchenplatte in Weiß-Schwarz

Party Princess zeichnet ein vielfältiges Sortiment an speziellen Dekoprodukten aus. Damit wird nicht nur jede Feier zu einem atmosphärischen und absolut unvergesslichen Event. Auch für das eigene Zuhause finden sich kleine, aber feine Einrichtungsdetails.

☞ www.party-princess.de

S. 50: weiße Wimpelgirlande aus Stoff, Cupcakeförmchen, große Wabenbälle (unten); S. 56: Cupcakeförmchen; S. 61: Strohhalme

WEITERE BEZUGSQUELLEN

Lakeland ☞ www.lakeland.de

Mein Cupcake ☞ www.meincupcake.de

Travel Size Paper City Paris ☞ www.madebyjoel.com *S. 8, 12, 18, 22*